未讀 | 思想家 |

UNREAD

历史的基因
佛罗伦萨

文艺复兴与
古典重生的力量

[日] 池上俊一 ／ 著　　姚奕崴 ／ 译

SPM
南方出版传媒
广东人民出版社

图书在版编目（CIP）数据

历史的基因：佛罗伦萨 /（日）池上俊一著；姚奕崴译. -- 广州：广东人民出版社，2021.8

ISBN 978-7-218-15130-4

Ⅰ. ①历… Ⅱ. ①池… ②姚… Ⅲ. ①文化史—佛罗伦萨 Ⅳ. ① K546.9

中国版本图书馆 CIP 数据核字（2021）第 125357 号

FIRENTSUE: HIRUI NAKI BUNKA TOSHI NO REKISHI
by Shunichi Ikegami

with photographs by Tsugusato Ohmura
Originally published in 2018 by Iwanami Shoten, Publishers, Tokyo.
This simplified Chinese edition published 2021
by United Sky (Beijing) New Media Co., Ltd.
by arrangement with Iwanami Shoten, Publishers, Tokyo

著作权合同登记号 图字：19-2021-126 号

LISHI DE JIYIN: FOLUOLUNSA

历史的基因：佛罗伦萨

［日］池上俊一 著；姚奕崴 译

出版人：肖风华

责任编辑：李丹红
装帧设计：陈 木
美术编辑：梁全新
特约编辑：夏 琳 节晓宇

出　　版：广东人民出版社
地　　址：广州市新港西路 204 号 2 号楼（邮政编码：510300）
电　　话：（020）85716809（总编室）
传　　真：（020）85716872
网　　址：http：//www.gdpph.com
发　　行：未读（天津）文化传媒有限公司
印　　刷：大厂回族自治县德诚印务有限公司
开　　本：880 毫米 × 1230 毫米　1/32
印　　张：8.25　　字　　数：148 千
版　　次：2021 年 8 月第 1 版
印　　次：2021 年 8 月第 1 次印刷
定　　价：68.00 元

关注未读好书

未读 CLUB
会员服务平台

本书若有质量问题，请与本公司图书销售中心联系调换
电话：（010）52435752

人民建造的文化都市佛罗伦萨

受行会委托建造的主保圣人像（圣弥额尔教堂）：吉贝尔蒂《施洗约翰》（左：毛织品行会），多纳泰罗《圣乔治像》（中：盔甲武器行会），韦罗基奥《怀疑的托马斯》（右：法官及公证人行会）

俯瞰佛罗伦萨市中心

从咖啡馆眺望大教堂

皮蒂宫和波波利公园

米开朗琪罗建造的寓意雕像《昼》（右）和《夜》（左）（圣洛伦佐教堂）

中央市场二层酒吧

圣马可修道院的居室，墙壁上绘制的是弗拉·安杰利科的《别碰我》

美第奇家族纹章（圣洛伦佐教堂）

目 录

前　言

没有任何一座城市可以像佛罗伦萨那样，在14—16世纪这短短两百年内诞生那么多给全欧洲带来深远影响的天才画家、雕塑家、建筑家。时至今日，佛罗伦萨依旧散发着文艺复兴时代的馥郁芬芳，并且理所当然地被喻为一座艺术殿堂。当然，艺术只是其成就的一方面。从政治层面而言，文艺复兴时期的佛罗伦萨还诞生了世界公认的第一个“近代国家”。

游客造访这座充盈着文艺复兴时期觉醒的艺术和革命性思想的城市时，可能会被这种扑面而来的力量撞个满怀。很久以前，就有人因为身处质量俱佳、气势磅礴的艺术品之间，而感到精神失衡、身体不适，恶心呕吐、头晕目眩，即所谓的“司汤达综合征”，得名于19世纪法国作家司汤达的《意大利旅行日记》（1826年）。他描述道：“一想到自己身处佛罗伦萨，身边就是方才瞻仰的伟人陵墓，已然坠入幻境。我注视着崇高无上的美，沉浸其中，走上近前欣赏，犹如用目光触摸它们。从艺术中收获到的超凡脱俗的印象融合着兴奋的情绪，让我达到了感动的顶点……我的生命正在枯竭，步履艰难，担心会跌倒在地。”

奥地利诗人里尔克和音乐家舒曼的妻子克拉拉（钢琴家）等外国知识分子，都有过同样的感触。即便是当代游客，只需逗留区区两三天，也一样会感同身受。那么，这种势不可当的力量究竟从何而来？

来自文艺复兴吗？或许很大程度上是。然而追根溯源，“文艺复兴”又是什么？那时的佛罗伦萨与禁锢在陈规陋习的中世纪社会一刀两断，让每个个体都振翅翱翔，解放自由的人性，率先营造了独一无二的美的世界……这不是老生常谈吗？

尽管本书的重心仍然会放在最为光辉璀璨的文艺复兴时期，但我将按时间顺序梳理佛罗伦萨的历史。而且我将或多或少地对推崇、赞颂文艺复兴革命性的言论进行讨论。这并不意味着我要贬低佛罗伦萨这座城市在世界史上的意义和价值，相反我是在褒奖它。我希望能够以此彰显超脱了文艺复兴时期，这座城市从古至今一以贯之的“佛罗伦萨性”的伟大之处。

佛罗伦萨从古典时代发展至今，一直是现今托斯卡纳大区的首府。这一地区整体上由平缓的丘陵和平原构成，气候温暖、农业发达，以风光秀美著称——西边荡涤着第勒尼安海，东北方亚平宁山脉横亘。中世纪时期，港口城市比萨最先兴起，依托绢制造业的卢卡、依托银行业的锡耶纳等城市也一度繁荣，不过到了14世纪，经济和军力强大的佛罗伦萨很快脱颖而出，凌驾于所有城市之上。

佛罗伦萨得以成为托斯卡纳大区的先行者，必然有着百世不易的基因。显而易见，这基因便是政治层面对“自由”“平等”“共和”的热烈希求，艺术层面对“比例”与“和谐”的独立艺术意志和美学感受的注重。此外，城市规划、建筑外观、广场雕塑作品和市民习俗中醒目的“男性性征”，也可以算作特征之一。我希望追寻这种寄身于佛罗伦萨历史基因的表现方式，细致入微地观察不同时代的样貌，阐明其中的意义与价值。就好比农业生产有很多方法能够改良土地，让果实大获丰收，各个时代的佛罗伦萨固有文化开花结果的状况、条件也应各有千秋。

继续用土壤打比方，如果要了解佛罗伦萨这座城市，我们就必须关注创造出这座城市历史的“多层属性”。毋庸置疑，正是从公元前到中世纪的历史积淀，才造就了“文艺复兴”这一灿烂夺目的文化现象。

佛罗伦萨是一座古典时代城市——“古典时代”横卧在最古老的土层之中，绵绵不绝地延续下来。所谓“文艺复兴”，指的是古典、古代的“重生”，但建造于古罗马时代的佛罗伦萨却无须重生，城区最中心古罗马时代的区划保留至今，古建筑和神像也同样保存到了中世纪和文艺复兴时期。古典时代的神明长存于佛罗伦萨市民的精神之中，他们从未忘却与古罗马历史千丝万缕的联系。

第二层是“中世纪”，铺开了一张巨大的版图。因此，佛罗伦萨也是一座中世纪城市。第一，中世纪时期，城邦（城市共和国）这种文明形态在佛罗伦萨极度繁荣。第二，文艺复兴时期，中世纪时期广泛传播的基督教信仰被原封不动地继承下来。（诚然，这是由来已久，并在文艺复兴时期再度兴起的异教文化和世俗价值的并行发展，但二者不仅没有产生矛盾，反而相辅相成，开创了文艺复兴时期的文化和社会。）第三，中世纪社会关系的轴心，家族、亲族关系与其他社会性关系相互调和，在拓展关系网络的同时，也振兴了文艺复兴，通过“名誉”观念鼓舞、激发了艺术作品的创作。

之所以言之凿凿地称佛罗伦萨为古典时代城市和中世纪城市，是因为这些先驱时代并不仅仅是为文艺复兴时期奠基。15世纪前后，在佛罗伦萨的市民行将形成文艺复兴文化之时，就从未停止过对古典时代、中世纪先例和典范的回顾与参考，除了“革命”和“断绝”，其中更有着“延续”。

再者，佛罗伦萨的文化基因没有在文艺复兴时期枯竭，也没有走向终结。还要看到，佛罗伦萨是一座近代城市、现代城市。

虽然近代之后，它一度低迷，但始终保持着“文化都市”的特质。不过，这个封禁着从古典时代直至文艺复兴时期层层蓄积的至高能量的文化复合体，似乎从近代以后便被剥离、分解，随意抽取，成了迎合时代的产物。有时被当权者笼络利用，有时又成为进步派或自由主义者的旗帜，用来反抗权力。较之于文艺复兴时期，它的文化力量总体上受到了削弱，但我认为，即便如此，从近现代的这座城市中依然能发掘出意大利历史乃至全球历史的独特意义。

除了古典时代、中世纪、文艺复兴、近代、现代，这种时代的“多层属性”带来的独特的文化价值，有城邦的地域多重性——被城墙包围的城市中心区域和城墙外围的农村地区，以及吞并了其他众多城市成为城邦国家的佛罗伦萨，还有社会性结合的相互关联性——家族、亲族关系，朋友关系，近邻关系，行业公会等，在后文叙述中都会反复提及，这些对于文化的创造和保存都将大有裨益。

佛罗伦萨的文化魅力在于其合理且明晰。不知道我能否做到把编织了佛罗伦萨历史的常量和变量，以及造成该变量的历史背景也合理且明晰地娓娓道来。倘若做得到，那么本书将成为造访佛罗伦萨的游人值得信赖的帮手，帮助他们避免被漫反射般的美倾倒，因陷入“司汤达综合征”而束手无策。

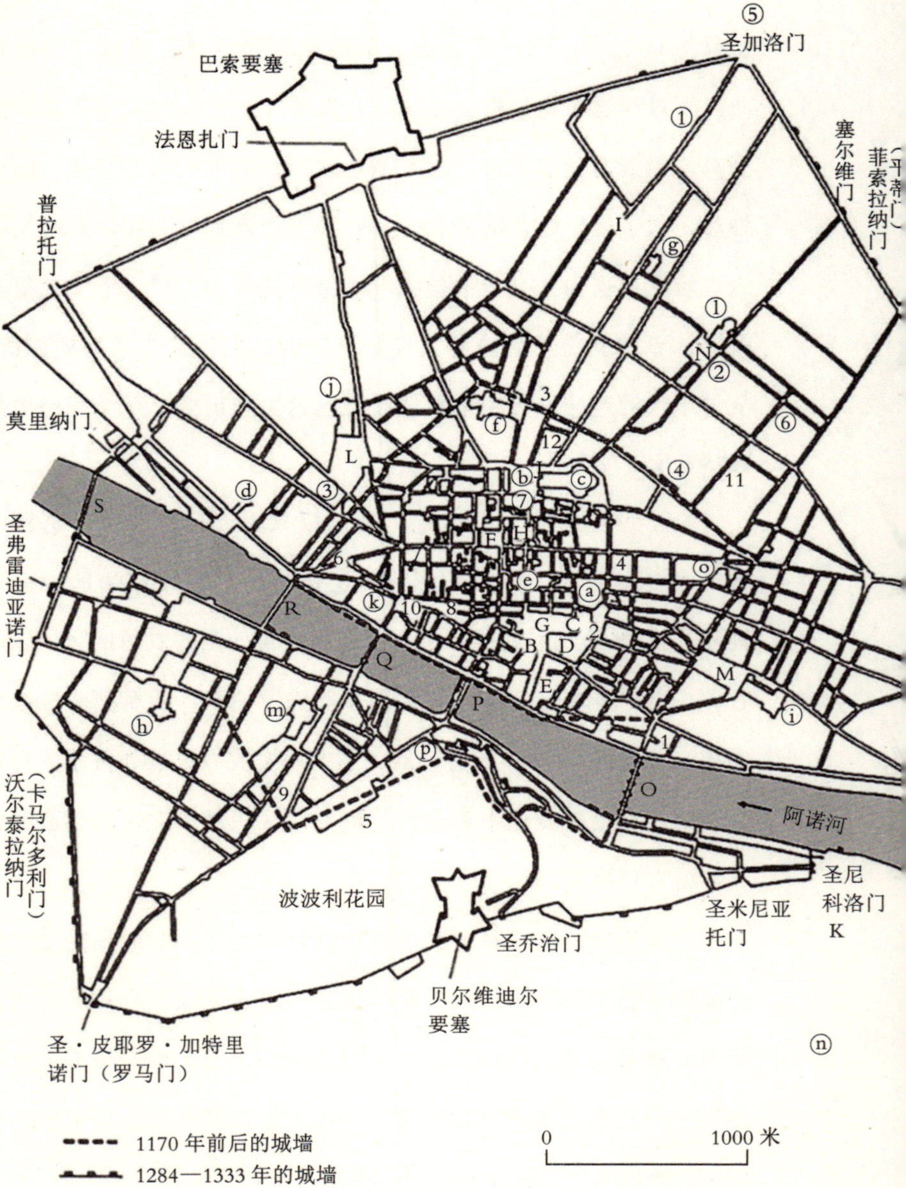
圣加洛门
巴索要塞
法恩扎门
塞尔维门
菲索拉纳门
普拉托门
莫里纳门
圣弗雷迪亚诺门
沃尔泰拉纳门（卡马尔多利门）
阿诺河
圣尼科洛门
圣米尼亚托门
K
圣乔治门
波波利花园
贝尔维迪尔要塞
圣·皮耶罗·加特里诺门（罗马门）
1170 年前后的城墙
1284—1333 年的城墙
0
1000 米

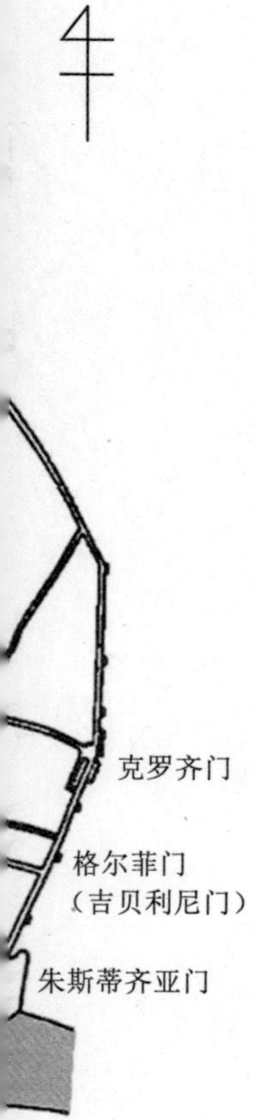

宫殿、剧院

1 科尔西·阿尔伯蒂宫（今霍恩美术馆）
2 贡蒂宫
3 美第奇宫
4 帕齐宫
5 皮蒂宫
6 鲁切拉宫
7 斯特罗齐宫
8 达万扎蒂宫
9 瓜达尼宫
10 布恩戴尔蒙蒂宫（维约瑟索斯阅读室）
11 佩尔戈拉剧院
12 考克迈罗剧院（今尼科利尼剧院）

教堂、修道院

ⓐ 佛罗伦萨巴迪亚教堂
ⓑ 圣乔凡尼洗礼堂
ⓒ 圣母百花大教堂
ⓓ 诸圣教堂 / 修道院
ⓔ 圣弥额尔教堂
ⓕ 圣洛伦佐教堂
ⓖ 圣马可教堂 / 修道院
ⓗ 卡尔米内圣母教堂 / 修道院
ⓘ 圣十字教堂 / 修道院
ⓙ 新圣母马利亚教堂 / 修道院
ⓚ 圣三教堂 / 修道院
ⓛ 圣母领报教堂 / 修道院
ⓜ 圣灵教堂 / 修道院
ⓝ 圣米尼亚托教堂 / 修道院
ⓞ 圣皮尔马焦雷教堂
ⓟ 圣费利奇塔教堂

慈善医院

① 博尼法西奥慈善医院
② 佛罗伦萨孤儿院
③ 圣保罗慈善医院
④ 圣塔马利亚诺维拉慈善医院
⑤ 圣加洛慈善医院
⑥ 奥尔贝泰洛
⑦ 碧加洛凉廊

公共建筑、广场、街道、桥

A 巴杰罗宫（旧波德斯塔宫，今美术馆）
B 兰奇长廊
C 商人法庭
D 旧宫
E 乌菲齐宫（今美术馆）
F 旧市场（今共和广场）
G 领主广场
H 加斯奥利街
I 圣加洛街
J 大教堂广场
K 米开朗琪罗广场
L 新圣母马利亚广场
M 圣十字广场
N 圣母领报广场
O 恩宠桥
P 维奇奥桥
Q 圣三一桥
R 卡瑞拉桥
S 韦斯普奇桥

第一章

古罗马的殖民城市和基督教的普及

公元前6世纪至公元9世纪

建造菲耶索莱

在讲述古典时代的佛罗伦萨之前，我们首先要了解一下“佛罗伦萨之母”——位于佛罗伦萨东北方向8公里处一个小山丘上的城镇——菲耶索莱。

考古发掘表明，早在新石器时代末期到青铜器时代早期（公元前4000年末—前3000年初），托斯卡纳附近就有人类生活。公元前10—前8世纪，印度欧罗巴语族的古意大利人从北至南横穿亚平宁山脉，到达这个交通要地，他们在沼泽地中间的台地和河流交汇处搭建起简陋的窝棚，在此安家落户。

随后到来的是伊特鲁里亚人，他们以信仰神秘的自然与神明、高超的艺术能力和建筑工艺而闻名，公元前9—前8世纪，伊特鲁里亚人从北方或地中海的某个地方来到了托斯卡纳。他们崇尚传统，较之于平原，他们更青睐靠近河流的丘陵地带，看中了穆诺内河和阿诺河汇合处附近宜居的地理环境，因此在那里建造了他们的要塞城市菲耶索莱。

公元前4世纪，菲耶索莱成为亚平宁山脉南麓最重要的伊特鲁里亚城市，跨越托斯卡纳和艾米利亚两个地区。公元前3世纪，伊特鲁里亚与罗马缔结同盟，但在公元前90年同盟战争期间发生叛乱，城市被马尔库斯·波尔基乌斯·加图占领。根据《尤利乌斯公民权法》，菲耶索莱失去了独立的行政权。而且数年后，菲耶索莱又因为在公元前83—前82年的罗马内战中支持马利乌斯，而被苏拉的军队占领，百姓财产被洗劫一空。苏拉把土地和财富分给了麾下的老兵，“罗马领菲耶索莱”正式诞生了。

不久，菲耶索莱成为这一地区的中心城市，先后建造了罗马风格的城堡、中央广场、剧院、神殿、浴场。山丘上修筑了卫城，就是今天的圣方济各修道院。在公元5世纪蛮族入侵之前，这座城市一直享受着殷实富足的生活。城墙环绕的城区有一万多居民。后文将会讲到，公元5世纪初，这里成了斯提里科率领的西罗马帝国军队和拉达盖斯统率的哥特人交战的战场。

之后，东罗马（拜占庭帝国）及伦巴第王国（公元774年灭亡）时代，菲耶索莱的政治权力都掌握在主教手中，并且不断衰落。这与邻接的佛罗伦萨日益增强的经济、政治影响力一起呈现出此消彼长的趋势，最终在1125年，菲耶索莱被佛罗伦萨征服，而后成了佛罗伦萨的一部分，自此两座城市命运相系。

公元前59年，建造罗马殖民城市佛罗伦蒂亚

佛罗伦萨可以被称作“菲耶索莱之女”，那么，她的古典时代历史是如何开启的呢？通过19世纪末佛罗伦萨中心城区重建时的集中考古发现，以及最近对领主广场和大教堂广场等地的发

掘，我们对其中的历史脉络有了一定的了解。

同菲耶索莱一样，古意大利人和伊特鲁里亚人也先后抵达佛罗伦萨周边地区。诚然，建成的佛罗伦萨是一座罗马城市，但后文也会讲到，考古学者至今仍然争论不下的一个问题是：目前佛罗伦萨附近发现的几个由少数房屋构成且与菲耶索莱存在贸易往来的村落，发挥了市场和通商口岸的作用，那么有没有可能在罗马殖民城市之前，这里就已经出现了比这些村落规模更大的城镇？

罗马真正开始在这里建造城市的契机是尤利乌斯·恺撒（公元前100—前44年）于公元前59年颁布的《尤利乌斯农地法》，该法令将国有土地变更为农业用地，主要作为退役士兵的补贴出借给他们。结果，大约在公元前30—前15年（也就是直至奥古斯都时代），卡西亚大道沿途要塞城市的建设得到了长足的发展。

首先修建的是城市中心的中央广场，广场西侧建有祭祀罗马主神朱庇特的卡匹托尔神庙，其拱形（三角形山墙）装饰由八根白色大理石圆柱支撑，装饰性的台阶从这里通向安放着朱庇特、朱诺、密涅瓦三座神像的殿堂。其近旁则建造了城市行政官所在的元老院议事堂，庄严肃穆。

罗马在建造城市时最先建造了卡匹托尔神庙、议事堂等祭祀和行政中心，以及东西南北四座主要的城门，城墙建成则要到数十年以后。届时，建设者会在紧邻城市周围的护城河外围设置“城址”，也就是由专门预留出来（没有耕种）的带状地块组成的神圣地带。新的城市建设者会用犁圈出这个地带，其内部空间为宗教性区域，用于居住，外部为公有土地。

从前伊特鲁里亚人会让占卜官圣化计划建造围墙的地方，而且按照他们的习俗，在固定石头界标之后才开始建造城市围墙，围墙内外的空间不能建造任何建筑，也不允许居住或耕种。罗马人沿袭了伊特鲁里亚人以神圣地带划定边界的习俗，并一直保持到了帝政时期。

除了城墙之外，不仅有巨大的石块所铺就的道路，还有水道桥、地下水道、排水设施、水井、浴场、剧院、圆形竞技场以及横跨阿诺河的大桥，这些基本都建于公元2世纪以前。现在很多地方都发现了这些古建筑的遗迹。

这座城市究竟是罗马人新建的，还是占据了伊特鲁里亚已经建成的城市而来？两种观点不论孰是孰非，都可以看出罗马人建造佛罗伦蒂亚［得名于“ludifloreares”（春花节）］这座殖民城市的最初目的，是要把历史更为悠久的伊特鲁里亚城市菲耶索莱同阿诺河及其支流连接起来，还要更切实有效地保证菲耶索莱在政治上忠心耿耿。

佛罗伦萨在公元2世纪的哈德良皇帝（公元117—138年在

位）时代，凭借重新划定行政区划而蓬勃发展。这是因为执政官大道——“新卡西亚大道”[1]建成，佛罗伦萨成了连接罗马和北意大利多条道路的交会点，从而成了贸易中心。到了公元3世纪，非洲、中东、南意大利、法国、西班牙的物资商品也运往这里。人口大约在公元2—3世纪就超过了1万人。居民已经住到了城墙外，建筑热甚至都要跨越“城址”。与此同时，整座城市也在进行新一轮开发。

之后，佛罗伦萨在古典时代末期发展成了意大利中部的重要城市，并且在罗马皇帝戴克里先时期（公元284—305年在位）行政改革后，成了“图西亚（托斯卡纳）和安布利亚地区的首府”，地方总督的所在地。但在日耳曼民族的入侵下，佛罗伦萨逐渐衰落，人口减少，周边村庄日渐破败荒凉。

城市的纵轴与横轴

古罗马人在建造城市时有一个显著特征，那就是把城市布局建造得像棋盘格一样四四方方。古典时代佛罗伦萨的街区同样呈巨大的棋盘状，以南北主轴“Cardo大道”和东西主轴

---

1 其前身为卡西诺瓦（Cassia Nova）和阿德利阿纳（Adrianea）道路，使佛罗伦萨成了连接罗马和北意大利多条道路的交会点，从而成了贸易中心。——编者注

“Decumanus 大道”形成的十字为中心建造而成。

中央广场位于南北大道（今罗马路和卡利马拉路）和东西大道（今斯特罗兹路至科索路）的十字路口，大小约为现在共和广场的 1/4。城墙由土坯筑成，周长约 1800 米，城墙上的四座主要城门位于主干道和城墙的连接处。而且四座主城门每一座都对应着两座耸立在城墙之上的圆塔，每隔约 50 米还建有其他塔楼。四边形的各面城墙对应着不同的道路，北面是今天的塞雷塔尼路，西面是特尔纳波尼路，东面是普罗康索洛路，南面则不清楚。

令人叹为观止的是，佛罗伦萨市中心时至今日依然保留着这些网格状的古罗马时代四四方方的街区和广场。尽管中世纪以后，出现了越来越多更加狭窄蜿蜒的拱形岔路，但中心城区的棋盘格依旧完好如初。城墙包围起来的城区面积约为 21 公顷，由七条 Cardo（南北街道）和六条 Decumanus（东西街道）划分为大约 50 个矩形区域。

此外，根据恺撒颁布的法律，殖民的目的是让殖民者从事农业生产，但佛罗伦萨周边的农业用地却被规则地调整、划分成了百户区（基本为边长 710 米的正方形）。至今在佛罗伦萨以西的平原依然能够看到适宜耕种的百户区的遗址。

东西约 500 米、南北约 400 米的矩形棋盘从中世纪开始始终是佛罗伦萨的核心，一直保存到了现代，而周边的农业地区也以一定的区域进行了合理有序的划分。这些“埋藏于地下的古典时代”犹如大地上的精灵，必将在以后很长一段时间内，不断塑造佛罗伦萨这座城邦（城市共和国）以及市民的生活态度和性情。

人文主义者的佛罗伦萨神话

中世纪《编年记》的作者曾创作了一个与古罗马密切相关的传说。这个传说的主人公是喀提林。

喀提林是罗马共和国末代的贵族、政治家，他在竞选次年的执政官时惨遭失败。但是他网罗没落贵族、破产的退役士兵、贫民和政治反对派，并在这些党羽和野心勃勃的元老院贵族的支持下，于公元前63年阴谋夺取政权。被宣称为公敌之后，他逃往菲耶索莱，在那里受到了人们的欢迎——这些人对罗马不满，随后自封执政官。他与罗马派遣来讨伐他的军队展开了激烈战斗，在这场战斗中，罗马的指挥官弗洛林战死。而后罗马派出援军讨伐喀提林及其党羽，菲耶索莱陷落。恺撒为了纪念牺牲的指挥官弗洛林，在附近建造了一座新城市。虽然弗洛林确实到过菲耶索莱，但佛罗伦萨得名于弗洛林，纯粹是文学上的虚构。

著名的维拉尼兄弟（14世纪前叶）同样在《编年史》里提到了佛罗伦萨和弗洛林的这一罗马起源说。对于中世纪的佛罗伦萨人而言，佛罗伦萨是创建于恺撒时代的“小罗马”和“罗马高贵的女儿”。

之后，到了15世纪的文艺复兴时期，人文主义者们开始对佛罗伦萨辉煌璀璨的传说广为传颂。所谓“人文主义”，指的是对古希腊、古罗马作家作品进行学术研究，以及以这些作品为蓝本努力创作各类作品，并以此提高当代人德行修养的一种运动，在第六章还会加以详述。而这种运动的实践者就被称为“人文主义者”。

首先是佛罗伦萨人文主义的先驱，佛罗伦萨的执政官科卢乔·萨卢塔蒂（1331—1406年），同竞争对手城市米兰的那些为君主制代言的人文主义者展开了论战，在反驳对方的时候，他雄辩道，佛罗伦萨人将不惜一切代价来捍卫“自由”，同时论述了佛罗伦萨的罗马起源说和独一无二的文化遗产。而以萨卢塔蒂分界，佛罗伦萨自由和优越性的根基从恺撒（帝制）转变为了苏拉（共和制）。

同萨卢塔蒂一样担任过执政官的人文主义者莱昂纳多·布鲁尼（约1370—1444年）所著的《佛罗伦萨史》（1404年）是一部闻名遐迩的赞美佛罗伦萨的著作。在书中，他把佛罗伦萨在意大利的地位与古希腊的雅典相媲美，他认为佛罗伦萨和谐而充满几何学美感的城市发展史和建筑群反映了“平衡”的美德。

不过，在后来的《佛罗伦萨人民史》（1429年）当中，布鲁尼又宣称佛罗伦萨的创建者是来自罗马的被苏拉迁徙到菲耶索莱的城市殖民者。这些人都是在同盟战争期间勇敢作战、战功卓著的老兵，苏拉给予了他们优厚的待遇，而在暴富之后，这些人拥有了大批奴隶，在各种公共建筑之外营建私人宅邸、举行豪华宴会、建造雄伟奇观，挥金如土、穷奢极欲，以至债务缠身。这便是这座城市里壮阔华丽的罗马风格建筑物铺天盖地之滥觞所在……

之后安杰洛·波利齐亚诺（1454—1494 年）同样是一位著名的人文主义者，他认为殖民城市佛罗伦萨是在恺撒亡故之后，由后三头同盟的三位政治家，即屋大维、马克·安东尼、马尔库斯·雷必达建造而成。总而言之，佛罗伦萨是历史上唯一一座由三位将军共同建造的城市，其中一位（屋大维）加冕为最伟大的皇帝，另一位（雷必达）成了大祭司。波利齐亚诺还评价说，最初佛罗伦萨人的德行是那样高尚，因而必然能平息一切军事冲突……

这些人文主义者描述的佛罗伦萨神话，有很多并非杜撰，是能在古罗马作家那儿找到出处的，并且现实当中保存下来的遗迹也可引以为证。但问题在于，他们把古罗马灭亡之后的漫长岁月里先后进入当地的各个民族的功绩（或者灾难）也添油加醋地加入其中，试图将古代和自己所处的时代联系起来。尔后，文艺复兴时期的诗人们在这些言论的启发下，异口同声地讴歌与古罗马息息相关的佛罗伦萨的雄姿，就连城市的主人——市民们——对现实和城市创建传说故事也都是疑信参半。

佛罗伦萨作为一座古罗马城市，其几何学形态及诸多神像不仅对后世产生了现实而深远的影响，而且它们在中世纪到 15 世纪犹如渐强的乐章，在想象力层面也激起层层涟漪。

不过还有一点需要注意，那就是从 14 世纪开始，与罗马神话相对立的"伊特鲁里亚神话"也同佛罗伦萨联系在一起。在罗马之前，统治着托斯卡纳地区的正是伊特鲁里亚，曾与罗马兵戎相见的伊特鲁里亚人的心里，充盈着反抗专制政治的大无畏精神和对自由的向往。正因如此，神话才会将托斯卡纳描绘成共和体制下的自由摇篮……

16 世纪，美第奇家族成为托斯卡纳大公，奉上了"佛罗伦萨起源于诺亚"的伊特鲁里亚神话的新版本，这不仅是为了粉饰曾吞并伊特鲁里亚各个城市的托斯卡纳大公国的统治，也是为了在与教皇的激烈交锋中表明他们当时反对罗马的立场。

哥特人、拜占庭人、伦巴第人的纷争

公元 375 年，从中亚西进的匈奴人步步进逼，哥特人被迫跨过多瑙河，进入罗马帝国境内，这引发了连锁反应，各支日耳曼人相继开始迁徙。公元5世纪初，匈奴人进一步向西扩张，此后拉达盖伊苏斯率领哥特军队，并纠集其他日耳曼部族，在北意大利疯狂劫掠，并且图谋袭击托斯卡纳。不过在公元405年，他们还未到达佛罗伦萨，就在菲耶索莱附近遭到了汪达尔人出身的斯提里科将军所指挥的西罗马帝国军队的突袭，最终溃不成军，佛罗伦萨因此幸免于难。

后来，身为东罗马（拜占庭）帝国军统帅的西哥特人阿拉里克一世（公元395—410年在位）与东罗马帝国反目成仇，率军入侵了意大利半岛。罗马皇帝霍诺里乌斯（公元393—423年在位）时代的西罗马帝国，在一定程度上恢复了安宁与祥和。然而在他死后，西罗马帝国又在汪达尔人和东哥特人的侵略下陷入一片混乱。公元476年，西罗马帝国末代皇帝罗慕路斯·奥古斯都（公元475—476年在位）被日耳曼雇佣兵首领奥多亚塞罢黜，西罗马帝国灭亡。直至公元8世纪下半叶法兰克王国加洛林王朝巩固了统治，佛罗伦萨周边地区一直是各民族纷争混战的战场。

在君士坦丁堡接受教育、日后成为东罗马帝国执政官和军队统帅的狄奥多里克（公元455—526年），在公元474年成了东哥特国王。公元489年，在皇帝的鼓动下，他翻越阿尔卑斯山进入意大利，向奥多亚克王国发起进攻。他击败了奥多亚克，于公元

493年获得了皇帝的承认，成立东哥特王国。佛罗伦萨在他的统治下经历了一段较为和平的时期，成为连接北意大利和罗马的交通枢纽，同时也成了重要的贸易中心，各地商人络绎不绝。

然而，公元526年狄奥多里克亡故之后，东哥特政局日渐动荡，公元535年与拜占庭开战，战争一直持续到公元553年。作为拜占庭帝国军队驻地，佛罗伦萨也遭到了哥特人的围攻，古典时代的老建筑有的被荒废，有的被摧毁，人口也随之减少。所幸拉文纳的援军打败了哥特军队（穆杰罗战役，公元541—542年），但佛罗伦萨的实力已被大大削弱，公元553年之后的约20年间都听命于拉文纳总督。查士丁尼大帝（公元527—565年在位）虽然推行暴政，但在这一时期，基督教得到了广泛传播。

不久，伦巴第人从潘诺尼亚（今斯洛伐克、匈牙利部分地区）进入北部和中部意大利，公元574年对拜占庭发动了战争，战争持续了二十多年。整个托斯卡纳都遭到了劫掠，佛罗伦萨首当其冲，饱受饥荒疫病的折磨。但也有观点认为，在伦巴第人治下，佛罗伦萨的情况并不像拜占庭时代那样糟糕。伦巴第王国的首都位于帕维亚，托斯卡纳公国的首府定在卢卡。而且伦巴第人以安全为由，在佛罗伦萨西侧更远的地方铺设了一条通向罗马的大道，即后来的“法兰西大道”，这条大道并不经过佛罗伦萨，因此佛罗伦萨被排除在主要道路之外。

就这样佛罗伦萨蒙受了二流待遇，但这也有效确保了佛罗伦萨的安全和稳定。在这一时期，古罗马时代公共建筑逐渐被改作私用，成为民宅，工匠的手工作坊、店铺，数座教堂和塔楼。总而言之，伦巴第时期是古典时代佛罗伦萨向中世纪佛罗伦萨的过渡时期。

最早的基督教徒定居点

古典时代末期至中世纪早期的佛罗伦萨虽然处在日耳曼民族各支与拜占庭帝国兵革互兴的时期，却为后世历史镌刻了重要一页。这便是基督教的落地生根。

人们普遍认为是来自东方的叙利亚商人在公元 2 世纪前后把基督教传入了这座城市，此后形成了规模不大但是起源于东方的基督教社区。相传公元 3 世纪中叶，德西乌斯皇帝迫害基督教徒，其中一名叫米尼亚托的基督徒遭到逮捕，皇帝下令将他扔到露天剧场喂野兽，但野兽拒绝攻击他，他便在圆形竞技场被斩首。可是米尼亚托却拾起自己被砍下的头颅，步行到了住处（也就是现在米开朗琪罗广场附近的一处洞穴），随后身亡。据说当时有一群天使跟着他。公元 8 世纪，在他的安葬地附近建起了一座教堂，这座教堂于 11 世纪时进行了整修，这便是圣米尼亚托教堂。

姑且不论传说真假，公元 2—5 世纪，佛罗伦萨至少存在四个基督教的中心。①阿诺河左岸（南岸），即奥特拉诺区的圣费利奇塔教堂周边的墓区。尽管城墙外人烟稀少，但来自小亚细亚和叙利亚的商人们有可能在此定居。这里发现了五十多座年代不早于公元5世纪初叶的基督教徒墓碑。②位于奥特拉诺墓区正对面，地处北城墙外的圣洛伦佐教堂（殉道者教堂）及周边地区。③城市北部，城墙内沿线地区，这里有建于公元4世纪末至公元5世纪初的圣萨尔瓦多教堂——公元9世纪更名为圣雷帕拉特教堂。或为主教座或主教府的起源之一。圣萨尔瓦多教堂也是一座为施洗礼而修建的教堂，但它并不是今天圣乔凡尼洗礼堂的前身。④古典时代末期，今天的领主广场出现了另一座教堂，通常称之为“塞西莉亚教堂”。到了第二代中世纪教堂时期，该教堂供奉圣人塞西莉亚，不过普遍认为其原本是阿里乌教派的教堂，用于施洗。当然，这一时期还建造了许多其他小教堂。

古典时代末期，佛罗伦萨的基督教历史中发生了一件举足轻重的事，这便是公元394年安波罗修来到佛罗伦萨。他为了坚持基督教教义、对抗阿里乌教派，任命信仰坚定的扎诺比为佛罗伦萨的主教（一说是安波罗修早在公元380年就在佛罗伦萨民众的呼声中直接被选为主教），并同时修建了新的主教座堂——圣洛伦佐教堂。虽然扎诺比是首位主教的说法传播甚广，但很可能早在公元4世纪初叶，主教就已经出现了。

圣洛伦佐教堂地处城墙之外，可见早期的教堂都建造在偏僻地区，远离商业中心。纵观上自古典时代下至文艺复兴时期的佛罗伦萨，可以发现一条规律，那就是“基督教由外及内逐渐渗透”。可以说，古典时代有“两个佛罗伦萨”。其一是建在阿诺河右岸（北岸）的“异教派罗马城市佛罗伦萨”。其二是公元2—3世纪在其对岸奥特拉诺区形成的从（今）圣米尼亚托教堂到圣费利奇塔教堂的“基督教派佛罗伦萨”。此后一千年的漫长岁月里，第二座佛罗伦萨的精神渐渐渗透到了第一座佛罗伦萨。

回顾后来的历史，不论是11世纪瓦隆布罗萨修道院改革，还是13世纪托钵修会出现，这种观念上的对立、交融都在反复上演。当然，这种基督教的外部渗透与外来商人、工匠、劳动者们被吸纳为城邦新市民的趋势是相吻合的。

还有一点，虽然伦巴第人的文化水平不高，但从公元7世纪开始，他们逐渐皈依基督教，与此同时贵族们致力于在城镇里建立完善的宗教组织。这里需要注意的是，他们在佛罗伦萨确立了根深蒂固的圣米迦勒崇拜。正因为伦巴第人对其民族主保圣人圣米迦勒的崇拜，他们才兴建了帕尔克特·圣米迦勒、贝特洛·圣米迦勒、弥额尔·圣米迦勒（圣弥额尔）、圣米迦勒·维西多明尼等教堂。他们尤为崇敬圣米迦勒那种可以媲美日耳曼主神奥丁的战神性格。这无疑增强了佛罗伦萨的“男性城镇”气质。

加洛林王朝时期的复兴

公元 8 世纪，伦巴第人趁拜占庭帝国内乱之机，在意大利半岛扩张领土。在公元 8 世纪上半叶的利乌特普兰德时代，他们不仅建立起行之有效的行政机构，而且与所控制地区的罗马人相互融合，语言、法律、习俗、宗教均逐渐罗马化。

然而当伦巴第人图谋再度入侵罗马时，教皇向加洛林王朝的法兰克国王丕平三世（公元 751—768 年在位）求援。丕平曾是法兰克王国的宫相，公元 751 年推翻了墨洛温王朝，篡权夺位，得到了教皇的加冕，便对教皇感恩戴德。公元 756 年，丕平的军队南下进入意大利半岛，夺回了被利乌特普兰德的继任者埃斯托夫占领的土地，随后停战。然而，下一任伦巴第国王狄西德里乌斯再次向教皇发动攻击。公元 773 年，应教皇求援，丕平的长子查理大帝（公元 768—814 年在位）远征意大利，攻陷伦巴第王国的首都帕维亚，灭了伦巴第王国。

不仅没有证据显示查理大帝从根本上颠覆了佛罗伦萨的城市行政体制，而且这一阶段对伦巴第时代的传承，反而成了加洛林王朝时期佛罗伦萨政治体制的一大特征。这也是因为大部分伦巴第的公爵迅速归顺查理大帝，其爵位得以保全。然而查理加冕皇帝（公元 800 年）之后，伦巴第的公爵改封法兰克伯爵或封臣。

不过佛罗伦萨并没有伯爵，只有一位从卢卡派来的子爵。总而言之，加洛林王朝时期，中央政府对佛罗伦萨的管控较为薄弱。

公元854年，罗退尔一世（公元817—855年在位）将佛罗伦萨和菲耶索莱合并为一个伯爵领地（公元887年出现第一份史料记载），于是佛罗伦萨成为托斯卡纳地区规模最大、地位最重要的伯爵领地首府，掌握着从亚平宁山脉的山脊线到锡耶纳、从皮斯托亚到阿雷佐的辽阔领域的主导权。佛罗伦萨的人口在公元8世纪末便达到了2000~2500人，公元9世纪更是翻了一倍。而后在公元9世纪末至10世纪初，为了防范马扎尔人对城市的袭击，又修筑了新的城墙（中世纪最早的城墙）。

此外，在加洛林王朝时期基督教也取得了长足的发展。新建的教堂、修道院被赋予了土地和财富，并且主教更加活跃。佛罗伦萨的主教安德烈（公元869—893年在位）脱离了此前所服从的菲耶索莱主教的势力范围，积极向法兰克国王（罗马皇帝）寻求庇护，获得了豁免权等诸多特权。而且他还将主教座堂从圣洛伦佐教堂迁至现在的大教堂和圣乔凡尼礼拜堂中间的地区（后命名为圣雷帕拉特），确定了城市未来的宗教地理。这也标志着基督教在这一时间节点进入古典时代的城墙内，与罗马地域的特点紧密无间地联系在了一起。

相传迁移首任主教扎诺比的遗骸时，大教堂周边枯萎的榆树重新开花了。基督教走进政治、社会中心，宣告了如果不考虑基督教因素，那么统治和社会生活都难以为继的时代已经到来，这种态势一直持续到了文艺复兴和近代早期。安德烈还根据加洛林王朝的法律，建造了参事会圣堂，翻修了主教府。公元 9 世纪，佛罗伦萨主教学校以其水平之高而声名远扬，佛罗伦萨作为文化城市也享誉国内外。

除了主教座堂，城墙内还增建了重要的修道院。托斯卡纳边境总督乌贝托的遗孀维拉，将城市里的土地捐赠给了本笃会。公元 978 年，为了纪念亡夫，她建造了一座名为“佛罗伦萨巴迪亚”的修道院。这座修道院地处古罗马城市时代佛罗伦萨的最东边，坐落在巴杰罗宫对面，之后被赋予了诸多特权，蓄积财富，与城市声威息息相关。

此外，在加洛林王朝以及后加洛林王朝时代，主教与拥有农村土地的贵族、保护者与庇护人之间的关系网逐步建立起来，这促进了 11 世纪以后城邦的发展。

第二章

城市国家的诞生与发展

10世纪至14世纪中叶

10—14 世纪，即中世纪鼎盛时期至中世纪后期，佛罗伦萨乃至中部、北部意大利各城，在两个层面出现了剧烈震荡。其一是城邦（自治城市）的诞生与发展，其二是基督教的进一步渗透与“城市宗教”现象的出现。

托斯卡纳边境总督和城邦的诞生

首先，城邦在意大利的诞生存在如下背景：公元 814 年查理大帝死后，法兰克王国加洛林王朝疆土萎缩，日渐式微，被分割为东、中、西三部分。而且根据公元 870 年的《墨尔森条约》，包括意大利半岛的中法兰克王国被东、西法兰克王国瓜分，因而意大利半岛成了东法兰克王国 —— 后来的神圣罗马帝国 —— 的一部分。贵族阶级与神圣罗马皇帝的宫廷远隔一座阿尔卑斯山，又坐拥天主教的大本营罗马教廷，因此对皇帝逐渐采取一种有分寸且敬而远之的态度。他们都是割据农村的封建领主，为了巩固自己的地盘互相攻伐，这导致中部、北部意大利被分割成无数行政区。

如前文所述，查理大帝之后，佛罗伦萨始终被有名无实的伯爵管辖。公元 847 年，出身巴伐利亚贵族的阿达尔伯特一世将其势力扩张至佛罗伦萨及菲耶索莱两处伯爵领地，首次加封“边境总督”—— 拥有比伯爵范围更广的强有力的军事等权力 —— 的称号（公元 854 年，菲耶索莱伯爵领地与佛罗伦萨合并）。此举显著提升了托斯卡纳边境总督的存在感。

10 世纪的第一个 25 年，继承了查理大帝血统的雨果·德·普罗旺斯以普罗旺斯边境总督的身份兼治托斯卡纳，他孙子的名字也是雨果。小雨果继承了父亲休伯特的职务，公元 970 年被皇帝奥托一世任命为托斯卡纳边境总督（在此之前就已自称边境总督）。

起初，托斯卡纳边境总督的辖区中心位于卢卡，佛罗伦萨只驻扎子爵，或由土地管理官员代为管理，但到了 11 世纪中叶，伯爵夫人比亚特丽斯在丈夫死后再婚，嫁给了洛林公爵戈特弗里德，后者在 1057 年就任边境总督，将辖区中心定在佛罗伦萨。之后其继女玛蒂尔达（1046—1115 年）于 1069 年继任总督，其政策明显向佛罗伦萨倾斜。

更幸运的是，这位女伯爵热忱地支持撼动整个欧洲的格列高利改革。格列高利改革指的是以教皇格列高利七世（1073—1085 年在位）为核心的教会改革运动，始于前任利奥九世，终于乌尔班二世的《沃尔姆斯宗教协定》（1022 年）。其目标是保护教皇及神职人员免遭世俗权力的干涉（特别是围绕圣职叙任权，教会与皇帝的斗争是一个迫在眉睫又悬而未决的问题），要求神职人员独身，禁止神职买卖、确立教皇至高无上的特权，等等。对于格里高利改革，玛蒂尔达站在了教皇一方，并从中斡旋所谓的“卡诺莎之辱”事件（1077 年），从而声名大振。

玛蒂尔达自从 1069 年接替继父成为边境总督，此后数十年间始终以领主身份统治着托斯卡纳地区和中部意大利，但据说因为她与丈夫关系冷淡，皈依基督教的愿望十分强烈。但是她对皇帝敬而远之，坚决站在教皇一方，这造成了严重后果。不仅佛罗伦萨的权贵们利用对玛蒂尔达女伯爵的支持换取了大量特权，而且由于玛蒂尔达的权威本身也来自皇帝，她在佛罗伦萨的权力最终也遭到了削弱。

佛罗伦萨毅然决然地参与到了教会改革当中，特别是在 1035—1065 年，这一举措让托斯卡纳地区这座曾经的小城市，一跃成为基督教世界的改革中心，走到了国际政治的舞台前沿。就这样，城邦增强了自信，逐渐崛起，从以前皇帝的封疆大吏手中夺走了权力，开始实行自治。1125 年，佛罗伦萨攻陷了母城菲耶索莱，这一劳永逸地杜绝了佛罗伦萨敌人之间的勾连，佛罗伦萨城邦的联合意识陡然而升。

在这里预先介绍一下。纵观这张巨大的历史略图，此后，罗马教皇与神圣罗马帝国皇帝之间的权力游戏奠定了佛罗伦萨的历史基调，从 13 世纪下半叶开始（尤其是 15 世纪以后），法兰西国王始终对这片土地野心勃勃……

城邦的“文明设施”属性

覆盖政治、经济、社会、宗教、文化等领域的意大利城邦，是中世纪鼎盛时期的一大文明装置。一方面是不断向城市市民转变的农村贵族，另一方面是商人、工匠，他们共同造就了意大利城邦，而且在这一过程中，并未出现欧洲北部地区“公社运动”那样的平民和领主的激烈斗争。

自治的标志是史料记载出现了“consul”这一执政官的名称。同样是在托斯卡纳大区，比萨最早在1085年发现了这一史料记载，佛罗伦萨则是在1138年的史料中发现了四位执政官的名字（在此之前，1115年佛罗伦萨宣布自治，脱离皇权）。执政官每年由参加“公民大会”的公社成员从有权势的家族中选出。

到了12世纪下半叶，形成了由12名执政官组成的具有立法权的小型议会。此外还有由“好人”——有势力的市民——等组成的100~150人的议会，该议会具有拟定法律、讨论、建议等功能。他们大多是拥有骑士身份的贵族，有些是有经验的法学者。每年有四个星期天会在大教堂（圣雷帕拉特教堂）召开公民大会。大会职能包括认可执政官的行动，批准与其他城邦或执政者签订的条约，裁决明确官员义务的法令或敕书，等等。

这一时期，佛罗伦萨已发展成真正的自治城市，反对皇帝和教皇的干涉，自主征税、防卫、维持秩序以及协调利害关系，扩大了统辖的权限。他们还将管辖范围扩展到了城墙之外——周边农村地区，征服了封建领主的塔楼和要塞。

然而在城市内部，将封建余孽带进城市的贵族们纷争不休。因为城邦政治的官员本身来自这些骑士阶级，所以好勇斗狠的习俗很难禁绝。不过，骑士阶级以外的其他阶级也逐渐壮大，开始提出政治主张。

略微回溯一下时代。11—12 世纪初，佛罗伦萨就因为农村人口流入，人口日益增长，经济、社会不断进步。活跃的工匠团体最早开始成立公会性质的组织，即日后的“行会”。此后的 1150—1180 年，商人阶级崛起，各种商业和货币兑换、借贷等兴旺发达。从 11 世纪下半叶至 12 世纪下半叶这不到 100 年的时间里，人口从约两万增长到约 3 万，为了将新住民定居的新土地（博尔戈）全部围拢起来，1172—1175 年重新修筑了新的城墙——最初是罗马时代的城墙，然后是公元 6 世纪中叶拜占庭帝国控制下的城墙，之后是加洛林王朝时代的城墙，进而是 1078 年的城墙。新城墙把奥特拉诺外围地区也囊括其中，并在当地新营建了大量作坊和仓库。

商人们本身无法坐上权力的宝座，但为了响应他们的诉求，控制彼此争斗，使市内陷入混乱的贵族实现和平，佛罗伦萨创造

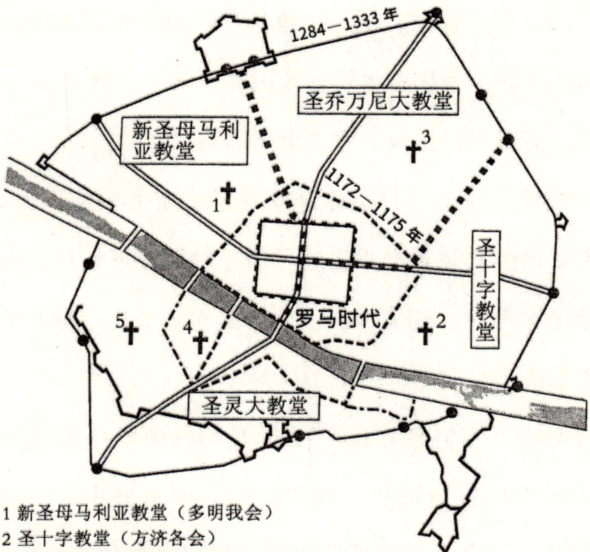

1 新圣母马利亚教堂（多明我会）
2 圣十字教堂（方济各会）
3 萨蒂西玛·安努兹亚塔教堂（圣仆会）
4 圣灵大教堂（奥斯定会）
5 卡尔米内圣母大殿（加尔默罗会）

● 城门

图2-1　城墙扩建，托钵修会，四分区

了一种有别于执政官议会的统治机构——“市政官”。1193 年，杰拉尔多·卡逢萨基被委任为首任市政官，此后 13 世纪初，市政官通常由外国人——大多是伦巴第贵族（也就是不涉及党派之争且博闻多识的学者）担任，任期一年。市政官会得到小议会的辅佐，以及总议会的帮助。

塔盟

如前文所述，在早期城邦时期，拥有广阔农村领地的领主、贵族们引领了佛罗伦萨的政治。他们当中大部分的渊源都能追溯到罗马、伦巴第、法兰克等时期的贵族或骑士家族，或者至少也会像煞有介事地捏造这种家族传承。佛罗伦萨著名的古老家族有乌伯尔蒂、多纳蒂、维斯多米尼、布恩戴尔蒙蒂，年代较晚的家族有阿利、马尼埃里、斯卡利。美第奇等具有代表性的中世纪家族甚至都还没有被命名。

这些农村领主虽然在 11 世纪前逐渐迁往城市，但依然保留着其所占据的 contado（乡村地区）。他们把持着乡下教堂和修道院的监督权，与当地村落、要塞的居民们始终保持着联系。因此，他们在佛罗伦萨市区内建造的住宅和塔楼都位于靠近自己领地的一侧，而且煞费苦心地在城市内外拓展交际圈。

尽管他们进入了城市，但土地财产仍为整个家族所共有，并且生活在同一屋檐下。他们为真实存在或是虚构的共同的列祖列宗而自豪，通过血脉和利害关系缔结坚韧的纽带，为成员的行为承担连带责任。而且，在其控制地区拥有独立的管理者、法律和统治权。

他们就这样创造出了“族亲联盟”，也就是一种扩大的家族或多核家庭，这种家族不仅包括所有家臣，还包括仆人、管家乃至雇佣兵。这种族亲联盟的力量和团结的象征，就是宏伟不羁的楼宇和附带的顶天立地的塔楼。这些建筑可以居高临下，加强防御，同时满足虚荣心。一旦出现突发事件，邻近家族可以躲进塔楼暂避风头，因此就形成了多个友好家族共用同一座塔楼的“塔盟”贵族圈。

11 世纪佛罗伦萨建造了第一座塔楼，进入 12 世纪，旧市场（今共和广场局部）周边聚集了 100 余座塔楼，到了 13 世纪，市内各地的塔楼犹如雨后春笋，估计总共有 250 座。塔楼还是强大的家族控制街区的象征。

塔楼事关一个家族的名誉，也是向对手家族发起的挑战，因而越建越高，不过如后文所述，随着波波洛（平民）阶层的崛起，有了减少塔楼数量和降低塔楼高度的规定 —— 有的塔楼甚至超过了 70 米。13 世纪中叶，出台了塔楼高度不得超过 30 米的规定。然而，为了彰显拱卫脆弱政体的坚定意志，城邦的公共建筑反倒效仿名门望族，在坚固的宫殿上修建了高耸入云的塔楼。巴杰罗宫 —— 1255 年开始建设，最初是平民市政厅，1266—1502 年成为波代斯塔宫，之后被称为巴杰罗，现在是博物馆 —— 旧宫就是在这种陈规

图2-2　巴杰罗宫

陋习的风潮之中诞生的。

从建筑角度而言，这种塔和附带塔楼的建筑物（塔形住宅）在 13 世纪的大量出现，为文艺复兴时期的“宫殿”（参考第六章）提供了蓝本，还将农村的封建习俗带进了城市。之所以这样说，是因为他们好勇斗狠的封建心理根深蒂固，还有着“血亲复仇”的习俗，所以即便他们开始从事商业、手工业，也没有跳脱出这种封建价值观，仍是一家人抱团，或是多个家庭组成一个联合体，彼此依靠，相互聚集。不过我们要知道，与其说他们是反抗文艺复兴社会文化的“对抗势力”，不如说正因为有了他们，才塑造了文艺复兴的文化和社会。

归尔甫党、吉伯林党之争与第一次平民制

尽管建立了自由城市，但派系之争却从未停息。贵族们甚至还联合交好的家族，纠集形成了两大派系。这便是 13 世纪中叶出现的归尔甫党和吉伯林党。

据史书记载，1216 年，两大门阀集团之争——布恩戴尔蒙蒂家族和阿米岱家族——导致整座城市分裂为两派，冤冤相报，结下血海深仇。前者是归尔甫党的鼻祖，后者则开创了吉伯林党。归尔甫党拥护教会和教皇，站在商业资本一方；对立的吉伯林党则是封建性的集团，唯罗马皇帝弗里德里希二世（1220—

1250 年在位）马首是瞻。两方党派都有自己的规章制度、官员、宝库、纹章、理念。不过各个家族的派系归属未必完全依据意识形态和其所涉足的经济领域，而更重视家族之间的交情、姻亲关系、近邻关系，等等。

如前文所述，商人阶层日渐崛起，催生了督政官制度，该制度可以反映他们的和平诉求。而从 1193 年开始，督政官周围不仅有常规议会，还增加了新的议会，也就是由能够行使政治权利的行会代表组成的议会。1204 年开始确立“商人和行会长老”制度，而后行会逐步组建。最晚在 1224 年，“市议会”当中出现了行会代表，其中的参加者不仅有大行会的代表，还有来自小行会的代表。

到了 1245 年，各种议会均有大小行会的代表参加，政权的社会基础扩大，遍及企业家、商人、工匠，随后建立了“平民”自治组织。另外，归尔甫党和吉伯林党的对立矛盾在 13 世纪 30—40 年代愈演愈烈，其他城市也爆发了类似的对抗，不管是归尔甫党还是吉伯林党，都跨越城市的边界拉帮结派。到了 13 世纪中叶，佛罗伦萨大部分名门望族都选定了自己的党派。

斗争的结果就是败者遭到驱逐，财产化为乌有，这种歪风邪气反复上演，加剧了城区的混乱。1248 年 2 月，归尔甫党被驱逐。1250 年 9 月，皇帝弗里德里希二世时期，统治托斯卡纳地区的费德里科·迪·安提约基雅在菲利内·瓦尔达诺不敌归尔甫党，政权被颠覆。同年12月，皇帝亡故，佛罗伦萨失去了后盾，吉伯林政体被广大的市民势力（主要是工商、法律界巨头）联合推翻，由归尔甫党建立了平民政权。

至此建立了所谓"第一次平民制"（1250—1260年）。新政权建立在一定的地缘空间当中，由与归尔甫党贵族结盟的上层市民（平民）组成。这是首次建立以工商业代表为主体的政权，贵族则被逐出了政府。

1200年佛罗伦萨的人口约为5万，1260年增长到约75000人，平民政权由于工商业活跃，实力和信心大增，把城市划分为20个与督政官以及两个议会并立的行政组织——称作"旗区"。每个旗区都配有旗手和旗帜，此外还有区长和武装力量。这些旗区将城区分成六部分，也是"六分区"的下级单位。这样实权就从贵族转移到了以地区组织为基础的平民政权下属的行会以及行会代表手中。

平民政权最高的领导集团是执政部门，由12名议会"长老"组成。每个分区两人，从实力强大的行会中选出并予以委任。出任执政官的新长老或首领每两个月选举一次，大多数首领来自毛织行会、羊毛行会、金融行会、司法及公证人行会等富裕行会。此外还创造了新的平民议会，行会武装力量"民兵组织"的代表

（平民队长）是军事、警察、司法长官，与督政官平起平坐。

第一次平民政权时期，佛罗伦萨穷兵黩武，为收复失地、开疆拓土，与附近城市爆发激烈战争。尤其是针对锡耶纳和南托斯卡纳，以及阿雷佐、比萨的势力范围，刀兵相向，干戈不断。然而 1260 年的蒙塔贝尔蒂一战，锡耶纳战胜了佛罗伦萨，一直支持锡耶纳吉伯林党的佛罗伦萨吉伯林党重返故乡，夺取了政权，驱逐了归尔甫党，还没收了他们的财产。可是 1267 年，被驱逐的归尔甫党武装和法兰西军队卷土重来，吉伯林党再次弃城而去。

此后，归尔甫主义固定下来，成了佛罗伦萨的政治共识，贯穿中世纪后期和文艺复兴时期，几乎无可撼动。新建立的归尔甫政权与罗马教廷、那不勒斯国王查理一世保持着密切联系，尤其是查理一世还获得了佛罗伦萨“归尔甫党元帅”的头衔，事实上他曾在 1267 年至 1282 年担任督政官，那时督政官相当于城市领主。尽管实际上查理一世都委任代理人进行统治，他本人几乎没到过佛罗伦萨，但归尔甫党还是因为有这样一位国王而喜不自胜。

但是，1282 年爆发的“西西里晚祷事件”（西西里岛民反抗安茹家族的暴乱）削弱了安茹家族的军事和政治实力，以行会为核心的政治制度再次得到了强化，最高权力真正转移到了首领们手中。

第二次平民政权和白党、黑党

就这样，1282 年平民再次执掌政权，通常将该政权称为“第二次平民政权”。此次政权极为重要，城市的权力从封建贵族向金融业、贸易业、毛织品行业商人转移，他们塑造了佛罗伦萨的市民性格。这一政治体制真正创造了文艺复兴时期的文化和社会。得益于这一政体，佛罗伦萨开启了名副其实的共和政治，1434 年之前，除了中途三次被外国君主代管的君主制时期（1313—1321 年、1325—1328 年、1342—1343 年），美第奇家族始终大权在握。或者说单从形式上而言，共和制一直延续到了美第奇家族施行君主制的 1532 年。

第二次平民政权由行会代表依托督政官制度而建立，这一政权时期，除了毛织行会、羊毛行会、丝绸行会、金融行会、医药行会、毛皮行会、法官及公证人行会这七大行会，大批行业团体进行重组整合，形成了石木行会、屠牧行会、铁匠行会等 14 个中小行会，最后共计 21 个行会向市政厅输送了代表。

这些人也是城邦各个议会的代表，负责行政、司法、政治。城市六个分区各选派一人，从不同行会的所属人员中选出，城市分区在 1343 年也调整为四个 —— 圣乔凡尼、圣十字、圣母马利亚、圣灵，每个分区选派两人。此外，每个分区下设四个旗区，共十六个。首领（执政官）的选举方式极为烦琐，每两个月选举一次，避免被同一家族霸占。

到了14世纪上半叶，首领和议会的责任分工比第一次平民政权的时候更加明确。不仅人数从之前的十二人变为了八人，而且出现了被称作“正义旗手”的行政首脑——始于1293年。这一职务原本是军事长官，在非常时期指挥民军，但1306年创设的“正义法规执行官”逐步负责维护城区内部的治安，之后成了高于议会首领的行政职务，该职务和八名首领共同组成政府。

此外，十二人会（好人会）和十六人会（旗区长会）组成了辅助委员会，还设置了两种立法机构——市民议会和城邦议会，分别由数百名议员组成。下设治安、财政、军事、外交等多个负责实际事务的行政官职。第二次平民政权确立的同时，在佛罗伦萨共和制中居于中枢地位的“执政团制度”也正式启动。

“正义法规”（1293年）是这一政体早期创立的一项重要法案，目的是扼制豪强因狂妄傲慢而做出无法无天的暴力行径。这项法案不仅剥夺了豪强就任城邦政府高官的资格，也对他们的司法等权利施加了严格的限制，还增加了罚金数额。于是，吉伯林党和归尔甫党共有将近150名豪强无法担任公职。佛罗伦萨完全成了民众集团的天下。

与豪强不同，“贵族”是一种封建领主，占有土地，并且有着值得自豪的悠久家世，是世袭特权和名誉的名门望族，他们在城邦里有权有势，多是贵族出身，具有强大的经济和军事“力量”，其符合“正义法规”的家族都被记录在册。此外，随着城市经济的发展，有一类人通过国际贸易、银行业发家致富，社会地位也变得举足轻重，这类人被称为“城市贵族”。当然很多时候这三者是合一的，而且每一类都由实力雄厚的世系、血统构成“家族”。

不过，不论是上文谈及的民众集团还是豪族，一定不要单纯地认为是贵族与平民的对立，或是有钱人与穷苦百姓的对立。财富并不是标准，何况还有一些类似“骑士门第满 20 年且公认为豪族”的模棱两可的必要条件。莫兹、巴尔迪、弗雷斯科巴尔迪、切尔基等家族原本是平民，却都因为采取了贵族的生活方式被认定为豪族。

平民政权的首领包括美第奇、斯特劳兹、鲁切莱、佩鲁齐、阿奇亚奥里、阿托维蒂、阿尔伯蒂、塞雷塔尼、阿尔比齐、帕奇等活跃在制造业、贸易和银行业的家族，只是罗列这些名称，就能看出是他们挑起了文艺复兴文化的大梁。

1324 年反豪族有所缓和，很多豪族投向民众集团 —— 加盟行会，以商人、企业家的身份获得收益，不再收取地租，可以担任公职。而后佛罗伦萨领导层逐渐鱼龙混杂。豪族们原本就以归尔甫党这个巨大的组织为跳板，暗地里染指城邦政治。无论如何，共和政体都以大商人为主体，中产阶级只能向议会输送一部分代表，而小工业者几乎不可能向任何议会派出代表，工薪劳动者则没有任何发言权。

此外，在这一政体之下，日常召开的公民大会同意成立特别委员会，该委员会可以中止市政的一般手续。而对特别委员会的滥用，为美第奇家族独揽大权起到了推波助澜的作用。

另一个助长美第奇家族独裁统治的是1328年修订选举法。此前复杂的选举方式变成了抽选任职，就是把经过资格审查委员投票产生的、具有被选举权的市民的名片放入袋子，每两个月通过“抽选”选择执政府成员。而且这种方式还被推而广之，用于选举其他辅助委员会、议会、督政官、平民队长及城市内外的各种官职。数千名行会成员当中，约有1/3有资格成为行政官或议会议员，约10%有资格成为首领。

13世纪末，归尔甫党在佛罗伦萨的统治坚如磐石，吉伯林党势单力薄，但这并不意味着党派之争的告终。13世纪90年代末，豪族同平民的斗争又叠加了多纳蒂家族和切尔基家族之间愈演愈烈的矛盾冲突，形成了各自的派别，前者被称为“黑党”，后者被称为“白党”。白党包括莫兹、卡瓦尔坎蒂、弗雷斯科巴尔迪等家族，他们对待吉伯林党态度温和，并且希望与比萨合作。黑党的领袖是多纳蒂家族，聚集了崛起较晚的家族——史派尼、阿奇亚奥里、佩鲁齐、弗朗西斯等，都是以教皇为后盾的冷酷无情的归尔甫党，谋求彻底将吉伯林党控制的比萨压服。

两党之间爆发了一系列的激烈冲突，在教皇的授意下，瓦卢瓦的查理来到意大利支持黑党，数百名“白党”遭到逮捕并被没收财产，有的被流放（但丁也在其中）或处以极刑。不过在1310年，新皇帝亨利七世南下意大利，在他抵达托斯卡纳之后，吉伯林党余烬复起，佛罗伦萨陷入危机之中。于是佛罗伦萨人向安茹伯爵的军队求援，1313年至1328年间，时断时续地把那不勒斯国王罗伯特和他的儿子卡拉布里亚公爵查理拥立为独裁僭主或领主。

1328年以后，确立了更加稳定的制度——可以从归尔甫家族的商人、银行家、企业家、法律工作者当中广泛招募政治家，佛罗伦萨尽享繁荣昌盛。尽管早期资本主义结构上的弊端导致一些大型商会倒闭，但很快，新的家族崛起，填补了空缺。

进而到了14世纪前叶，来自周边农村地区的移民增多，佛罗伦萨的人口接近10万人，成为仅次于巴黎和威尼斯的大城市。1284—1333年，建造了周长约8.5千米的宏伟的新城墙（最后的城墙），内部面积扩大到曾经的6倍。城市规划日新月异，市民建造家庭住宅成为热潮，共和国的疆域也扩大了，迫使皮斯托亚和比萨势力范围的沃迪尼沃以及瓦尔达诺的诸多村落臣服，并且在东托斯卡纳地区取得了阿雷佐的控制权。

工商业的崛起

在城邦崛起的12世纪中叶至14世纪前叶，佛罗伦萨经历了前所未有的经济发展。民众集团——商人、银行家不仅开辟了意大利半岛、西西里等地商路，而且将商路拓展到了地中海以东、普罗旺斯、香槟集市（特鲁瓦等地）、英格兰、苏格兰、爱尔兰。毛织商人在众商人中一马当先，取得了飞跃式的发展，他们不仅从事毛织品原料进口、加工、成品出口等贸易活动，而且以15%~25%的利率向教皇、皇帝以及各地王侯融资。

佛罗伦萨的毛织业繁冗复杂，分为26道工序，包括梳毛、纺线、缩绒、染色等。经营毛织品制造作坊的坊主最先控制了这一产业，他们购买毛织原料，置办厂房和工具，雇用劳动者，进行规划调整，促使准备工序的成果发展为更具专业性的产业。14世纪上半叶，出现了约两百座作坊。就这样洗染行会成长壮大，谦卑者派的修士们带来了利用进口羊毛制作高级织品的先进工艺。

最初毛织品使用的是当地原料，品质低劣，无法匹敌弗兰德和法兰西的产品，只能在意大利国内市场上降价甩卖。不过进入14世纪，毛织商人开始从弗兰德和法兰西北部进口半成品，从地中海以东诸国采购染料和明矾（用作染色催化剂），进行染色——修剪去毛、伸展、修理、压榨、折叠——而后出口地中海各国，这成了主流的贸易方式。

毛织行业因为要洗涤、缩绒、染色，对水的需求量很大，佛罗伦萨的阿诺河流域广阔，河流湍急，带来了丰沛的水资源和水力能源——这也是谦卑者派将毛织工场建在河流沿岸的原因。而且阿诺河还是一条奔流入海的航运通道，佛罗伦萨治下的海港是通往外国的窗口。此外，来自农村地区的移民还提供了大量的劳动力。

不仅是毛织、丝织以及麻织等纺织行业，为佛罗伦萨的市民提供生活必需品的三百六十行的其他工匠，也都组成了中小行会，专攻制造和贸易。他们有旧布古着商人、袜子纺织工人、石木匠、冶炼工匠、屠夫、客栈主人、红酒商人、油、盐、乳酪商人、皮革业者、甲胄及刀剑制造者、锁匠、刀具匠人、炊具制造者、原木商人、面包师，等等。据统计总共有多达73个行会，但绝大多数都是零散行会，其政治权利得不到认可。

商会商业体系

与行会共同构成佛罗伦萨经济生活根本要素的，还有前文提到的商会。大商人均隶属于商会这一大型事业组织。这是通过签订 2~5 年的短期合同，6~20 位股东（联合经营者）集资成立的一种联名公司。这些股东来自两个或三个家族，因此商会有赖于族亲联盟这一封建领主大家族的形态。

到 13 世纪中叶，佛罗伦萨成立了多家商会，并在 14 世纪 30 年代兴旺发达。具有代表性的商会有巴尔迪商会、佩鲁齐商会、阿奇亚奥里商会、切尔基商会、史派尼商会、戴尔·本尼商会、贝伦赛丽商会，等等。合同到期即告解散，每个股东都会拿回或赢利或亏损本金，随后马上成立新的商会。通常都是原班人马，有时也会更换一部分人。

除了股东，商会还包括一些经理、代理人（外事人员）、财会人员、工人，分散在各个分部，领取年薪。经理负责调度原料进入佛罗伦萨的陆路、海路运输。协调成品出口事宜也是他的工作内容之一。

商会的总部设在佛罗伦萨，其分部网点遍布欧洲各地，开展通商贸易和银行业务。例如 1310—1345 年，巴尔迪商会在威尼斯、巴勒莫、塞维利亚、巴塞罗那、马略卡岛、布鲁日、伦敦、耶路撒冷、君士坦丁堡、突尼斯、罗德岛开设了分部。商业活动和银行活动在商会当中并没有差别，成员在分部既可以进行汇兑、借贷，也可以交易毛织品及其原料、小额奢侈品（钻石、香料、香水）和食品（盐、小麦、红酒、橄榄油、家畜）。

融资、借贷体系，外汇、汇兑等信用技术在这种国际贸易中得到了发展。这是一种无须大费周章动用现金便能够捞取利润的体系，同时也推动了复式簿记[1]和邮政、保险制度的发展。

14世纪下半叶的危机

14世纪30年代，佛罗伦萨的政治虽然一团乱麻，但经济、文化却发展得顺风顺水。然而，14世纪30年代为了征服卢卡而发动的漫长且劳而无功的战争，导致城市预算外流，进入40年代，堪称大型国际企业的阿奇亚奥里、巴尔迪、佩鲁齐、博纳科尔西纷纷破产。由于它们掌握着大部分毛纺织业，所以它们的破产让数以千计的工人的日常生活笼罩上了一片阴霾。

不仅是大型商会接连倒闭、破产，佛罗伦萨与吉伯林党统治的比萨和卢卡等外敌也干戈不息。内外交困的佛罗伦萨再度向外界寻求保护。1342年9月，罗伯特·安茹的弟弟的女婿、法兰西军事统帅、雅典公爵戈蒂埃·德布里耶纳成了佛罗伦萨的僭主（首领）。然而佛罗伦萨的市民并不适应独裁统治，1343年7月，

1　采用复式记账的簿记。复式簿记是“单式簿记”的对称。复式记账是会计工作中对每一项经济业务按相等金额在两个或两个以上有关账户相互对应的同时进行登记的记账方法。12—15世纪产生于意大利，最早流行于佛罗伦萨，后盛行于威尼斯。——译者注

民众揭竿而起，驱逐了戈蒂埃。

而后佛罗伦萨实现了与独裁制度截然相反的、迄今为止最为开放的政体。佛罗伦萨战胜了个人专制和混乱局面，为了保卫失而复得的自由和共和制，豪族和民众集团握手言和，建立起能够代表更广泛的行会的政治体制。尽管如此，不是 21 个行会的正式成员依然不能就任公职，没有成立行会的行业以及纺织业的普通工人也同样没有参政权。

然而就在此时，鼠疫汹涌而来。1340 年的鼠疫夺走了 1 万人的生命，1348 年被称为“黑死病”的鼠疫让佛罗伦萨的人口从 9~10 万锐减至 4~5 万。之后，这种骇人的疫病分别在 1363 年、1374 年、1383 年、1399—1400 年卷土重来，饥荒随之而来，农村地区兵祸横行，一片狼藉。

14 世纪下半叶，折磨佛罗伦萨的不只有鼠疫和饥荒，还有和教皇的对峙。14 世纪初，卜尼法斯八世（1294—1303 年在位）与法兰西国王腓力四世（1285—1314 年在位）爆发争端，此后教皇被纳入法兰西王权的统辖之下，1309 年，教廷被迫从罗马迁往阿维尼翁，并在那里一直待到了 1377 年。

在此期间，罗马教皇全都是法兰西人，最后第七位教皇格列高利十一世重返罗马，在返回前夕，教皇特使们正紧锣密鼓地谋划如何重新掌控教皇领地，冷酷无情地拒绝了（饱受饥荒之苦的）佛罗伦萨索取小麦的请求。因此佛罗伦萨与教皇爆发了“八圣王战争”（1375—1378 年）。佛罗伦萨战败，于 1378 年与教皇媾和，被迫支付了巨额赔偿金。最终吞下佛罗伦萨所遭遇的苦果的，则是小行会和底层劳动者。

八圣王战争结束后，城市里的梳毛工人，也就是毛织行会的非熟练工旋即爆发起义。在梳毛工执政官——应该具有一定的财力——米凯尔·迪·兰多的指挥下，迄今为止处在行会制度之外，无论如何也无法参与政治活动的工人群众高举反旗，冲击市政厅，要求获得组建行会的权利。首领们被迫下台，米凯尔·迪·兰多理所当然地成了“正义旗手”。1378 年 7 月，新成立了染色工人、缝纫工人、梳毛工人三个行会，建立了更加公平的政治制度。

然而 8 月底由于叛变和分裂，加之保守派商人和企业家相互勾连，底层人民的组织土崩瓦解。政府恢复旧貌，首领依然是从精英家族以及一部分行会代表中挑选。1382 年春仅存三个贵族首领，小行会代表被彻底排除在外（1387 年仅存两个贵族首领），政权完全沦为保守派和寡头政治。此外，还制定了限制就任公职资格的法律，就任资格被一部分家族垄断。当时掌握政治实权的是阿尔比齐家族。

14 世纪 90 年代，由于米兰领主吉安·加莱亚佐·维斯孔蒂

（1394—1402 年在位）推行扩张政策，佛罗伦萨陷入了经济制裁（禁止出口毛织业所需的原料，切断贸易通道，洗劫商会）、军事侵略以及外交战略的困境之中，所幸 1402 年 9 月吉安·加莱亚佐暴毙而亡，佛罗伦萨才得以幸免。

第三章

中世纪的文化

圣乔凡尼礼拜堂。右侧为乔托·迪·邦多纳设计的钟楼

伴随着城邦（自治城市）经济发展和人口增长，佛罗伦萨也开始蓬勃发展。其中最重要的一种文化便是基督教文化。

基督教的发展和佛罗伦萨的罗马式教堂

自中世纪鼎盛时期以来，佛罗伦萨普通民众的基督教信仰十分虔诚，他们会严格甄别神职人员和修士是否具备做神父的资质。实际上，在 12 世纪上半叶，平庸且品行遭到质疑的佛罗伦萨主教接连出现。

例如，主教希尔德布兰德（1008—1024 年在位）与托斯卡纳边境总督拉涅利势同水火，念念不忘要重掌大权，他的妻子阿尔贝加也给予了帮助，但对于这个一身世俗政客习气的主教，瓦隆布罗萨修道院的院长乔凡尼·瓜尔贝托（公元 995—1073 年）动员民众向其发动了猛烈攻击。瓜尔贝托掀起了反对神职买卖的运动，他手下的修士们都拿起武器与主教派战斗。

在上一章曾提到的撼动整个欧洲的格列高利改革正如火如荼地进行时，瓜尔贝托对改革的鼓动和宣传博得了教皇亚历山大二世（1061—1073 年在位）和教会改革激进派的隐修士伯多禄·达米亚尼（1007—1072 年）的赞赏。出身帕多瓦的主教伯多禄·梅扎巴尔巴（1062—1068 年在位）在边境总督洛林家族戈特弗里德妻子比亚特丽斯的支持下，公然犯下神职买卖的罪行，再次遭到了瓜尔贝托的猛烈弹劾。其中瓜尔贝托手下的修士伯多禄·伊涅挑战主教话语的权威，用火请求神明裁决并获得了胜利。而另一派承认神明恩宠的梅扎巴尔巴随即辞去了主教职务。

当然，神职人员也不全是渎神者。譬如主教杰拉德（1046—1058 年在位），他和希尔德布兰德（后成为教皇格列高利七世）一同投身于教会改革，阻止世俗力量干涉教皇选举，针对神职人员制定严格的规章制度，让米兰等地的地方教会服从罗马教廷。杰拉德成为教皇尼古拉二世（1059—1061 年在位）之后，对佛罗伦萨大批修道院授予特权，扶持其开展活动。

主教拉涅利（1071—1113 年在位）也进行了改革运动。他足智多谋，没有按照拉文纳大主教吉尔伯托的建议谋求皇帝亨利四世的支持，而是坚决追随教皇格列高利七世。

此外，即便是那些道德品质遭到非议的主教，他们在提升佛罗伦萨的信仰生活上同样功不可没。前文提到的希尔德布兰德，在奥特拉诺建造了圣米尼亚托教堂，该教堂日后成了象征市民性格的重要教堂。臭名昭著的梅扎巴尔巴也于 1067 年在城区内修建了圣彼得女子修道院，该修道院后来成了主教即位典礼举办场地。行政官和神职人员要列队 —— 只有主教骑马 —— 欢迎新上任的主教，队伍从城门口直至这座古老的修道院，主教与女子修道院的院长像“结婚”一样，互换礼品（主教赠予戒指和马，女子修道院院长次日回赠寝具和昂贵的必需品）。而且按照当时的惯例，主教要作为修道院的客人在修道院过夜，然后次日早晨徒步前往大教堂和圣乔凡尼礼拜堂参加就任典礼。

就这样，11 世纪上半叶至 12 世纪初，佛罗伦萨成了基督教改革运动的大本营，民众之间掀起了狂热的宗教热情。得益于这种宗教热情，佛罗伦萨也建造了许多令人叹为观止的罗马式建筑。不过，当时佛罗伦萨的建筑风格与其他地方迥然不同。这些建筑仪态庄重、线条明快、个性纯粹，仿佛是把文艺复兴时期的建筑提前了几百年。首屈一指的范例当数圣乔凡尼礼拜堂和圣米尼亚托教堂。

圣乔凡尼礼拜堂于 1059 年由教皇尼古拉二世兴建，于 1150 年落成。其八角形的形状端正和谐，据说效仿了古罗马的玛尔斯神庙和原始基督教洗礼堂的形状。这一八角形的楼体，与顶部向中央聚拢的金字塔形屋顶相映成趣。

不过，较之这种建筑结构，建筑外部的设计感和色彩感才是佛罗伦萨罗马式建筑真正的精髓，这一特色也延续到了文艺复兴时期。以产自鲁尼的白色大理石做底，搭配产自普拉托的矩形墨绿色大理石板，勾勒出精妙的几何学图案——这一范例在此后几个世纪内，被市内及郊外的很多宗教建筑反复模仿，正方形、长方形、大大小小的拱形，每三个为一组，端正而和谐的几何学图案组合一目了然，让三层教堂的每一层设计富于变化、各具特色。

另一座保存至今的杰作便是第一章提到过的，为纪念第一位殉教者圣米尼亚托而修建的圣米尼亚托教堂。这座教堂建于11—12世纪，1207年最后一块地板铺设完毕，有意复刻了罗马三拱廊式的长方形会堂风格，并将其与几何学图案组合、融合在了一起，使整体和局部相得益彰。洗礼堂的主立面同样用两种颜色的大理石装饰，大小长方形和拱形的组合具有简单明快的比例分配，能让人联想到文艺复兴时期的教会建筑。主立面上层有巨幅金底马赛克玻璃画，模仿的是卢卡的罗马风格建筑。

此外，佛罗伦萨的罗马式建筑还有圣洛伦佐教堂、主教座堂、圣雷帕拉塔教堂所在地的旧大教堂、圣阿波斯拖利教堂、圣彼尔谢拉吉奥教堂、圣斯德望堂、圣萨尔瓦多沃斯科沃教堂、圣玛格丽特教堂、圣雅各布索普拉诺教堂等，它们所应用的几何学设计和古典模块（基本尺寸）都与上述两座教堂相同，但有的朴实无华，有的则因为经过后期的重建、修葺，未必保留了当年的风采。

尽管欧洲各地的罗马式建筑都植根于当地的风土民情（宛如原生建筑，本身就富于变化），但让我震惊的是，佛罗伦萨的罗马式建筑与众不同，它的古典色彩更加明显，一眼望去，可以让人联想到文艺复兴的秩序与和谐。在这座被阿诺河滋养的花城，罗马、罗马式建筑、文艺复兴在一条康庄大道上一脉相承。事实上，礼拜堂和圣米尼亚托教堂作为古典主义复兴建筑，也影响了后世的文艺复兴。

如上所述，基督教及其艺术，在11—12世纪罗马风格时代的佛罗伦萨实现了最初的腾飞，并且如行云流水一般注入文艺复兴时期。

托钵修会立足

在罗马风格过后的哥特风格时期（13—14世纪），托钵修会的教堂促使佛罗伦萨的信仰世界以及教会建筑的外貌发生了巨大的变化。托钵修会的修士拥有新的生存形式，他们不像中世纪早期本笃会的修士那样在人迹罕至的修道院祷告、劳作，而是定居在人口密集的城市，以托钵乞食为生，同时通过传教和宗教仪式积极与市民开展交流。主要有多明我会、方济各会、奥斯定会、加尔默罗会。

1219年前，多明我会的修士们应该生活在佛罗伦萨。1221年，他们将总部设在了大教堂参事会所安排的圣马利亚修道院。1246年后，修士们决定新建造一座宏伟的建筑。1279年开始动工，14世纪中叶建成。

与总部设在城市西部（乃至西北部）的多明我会形成鲜明对比的是方济各会，他们将总部地址定在东部，1226—1228 年，方济各会将总部设在靠近阿诺河的圣十字教堂。1294 年，方济各会获得了信徒和城邦的捐赠，由后文将提到的阿诺尔夫·迪坎比奥设计并建造新的教堂。

之后这两个托钵修会所属的修士们热情高涨地传教布道，深深感化了佛罗伦萨的市民。方济各会的特点是宣扬清贫、谦让等美德，多明我会则强调正统教义，以及要服从罗马教皇。

此外，1250 年圣仆会在城市北部建造了圣母领报教堂，同年，奥斯定会选址圣神教堂，次年谦卑者派在城市西部阿诺河沿岸——今天的卡瑞拉桥和维斯普奇桥之间的地带——定居。1268 年，加尔默罗会将本部设在卡尔米内圣母大殿。1299 年，本笃会的希尔维斯特罗派建造了圣马可教堂，这座教堂后来归属多明我会苦修派。每一座新建的修道院都充满希望与活力。礼尚往来，佛罗伦萨人也募集善款，建造了可以容纳数百名信徒的宏伟大会堂。佛罗伦萨成了托钵修会的一大中心。

如上所述，托钵修会在城市内部未曾开拓的新型居住区的边缘——基本上是在城墙外沿，后期包含城墙内部——仿佛是经过勘测，抑或是出于默契，确定了互不干涉的势力范围（参照图 2-1）。每个托钵修会都与所在地区的领袖家族建立了人际交往和精神世界的纽带。而且附属的教堂墓地成了佛罗伦萨市民所向往的安葬之所，数以千计的市民在遗书中写，想要埋葬在托钵修会的教堂里。他们还会慷慨解囊，以期教会能够在自己的忌日做弥撒。另外，托钵修会下设女子修会，成立各种只有世俗教徒参加的宗教团体 —— 第三会和兄弟会，通过这种形式扩大影响力。

托钵修会也为教会建筑带来了新要素。按照哥特风格建造的教堂，其内部空间开阔，层次鲜明，格调明快，每个部分都经过了统筹计算。开阔明亮的内部空间的巨大开口处附带连续的尖拱，还利用风琴形的飞檐和多边形截面的沉重角柱来控制垂直方向的线条。

圣弥额尔教堂与行会

端正规则的空间分布和有节制的垂直拓展在另一座佛罗伦萨哥特式杰作圣弥额尔教堂那儿同样得到了展现。结构性、装饰性的优雅线条与明快亮丽的表面结构，构成了精妙绝伦的外观。

这座教堂坐落在连接大教堂广场和领主广场的卡尔查依欧利路旁。它最初是一个谷物市场，不久便成为佛罗伦萨汇聚商人信仰、首屈一指的建筑物，一座独一无二的教堂。一楼内部是由安德里亚·奥尔卡尼亚（约 1308—1368 年）于 1355—1359 年用大理石建造的带有顶棚的哥特风格圣坛。螺旋状的小圆柱和附带优美的小尖塔的四根角柱支撑着半圆的拱顶。彩色大理石浮雕、镀金马赛克玻璃构成了几何学装饰。这些雕刻装饰华丽而精致，犹如金银锻造的手工艺品。建造这座圣坛是为了更好地保护祭坛画《圣母子像》（贝尔纳多·达迪绘，1346/1347 年）。

从 1284 年起即由 10 根粗壮的石头角柱支撑的凉廊（参考第六章），14 世纪末至 15 世纪中叶时全部封闭，建筑物不再作为谷物市场（迁至旧市场），而成了行会的教堂（马利亚礼拜堂）。1404 年加盖了第二层和第三层作为应对饥荒的谷物仓库。

外墙一周设置了 14 个壁龛，安放着各个行会捐建的主保圣人塑像，对此后文（第八章）会有介绍。为了一睹能够创造奇迹的马利亚画像，整个托斯卡纳地区的巡礼者蜂拥而至，并且留下了巨额善款。为了打理依靠这些善款发展起来的慈善事业、演唱圣歌，还成立了兄弟会。这是一种劳达兄弟会（第五章），每晚歌唱劳达赞歌，歌颂圣母马利亚，而且每个星期都会在这幅马利亚像前传教。1320 年前后，其成员有将近 3000 人。

图3-1　圣弥额尔教堂

于是这幅圣母像成了佛罗伦

萨公共生活的核心，7 月 26 日是圣亚纳的纪念日，这一天各个行会的成员都要列队面朝圣弥额尔教堂。鼠疫暴发之后，人们对圣母马利亚的崇拜达到了巅峰——奥尔卡尼亚就在这种氛围中创造了上述作品。这座建筑以及建筑所装饰的艺术作品的根本动力，来自行会成员的市民精神和行会之间的好胜心。圣弥额尔教堂是公众认可的机构，对于政府而言，它也具有重要的政治意义。

温柔的新体诗派与但丁、彼特拉克

商人们饱含商业智慧的妙语以及浸润在日常生活之中的聪明才智，形成了文艺复兴文学诞生的土壤，这些内容我打算在第六章予以介绍，不过早在中世纪时期，这些妙趣横生的生动语言便已经在城市中出现了。或者说，从这个角度而言，中世纪与文艺复兴时期根本不存在明确的界限。

美丽的语言、准确的语言、传递情感的语言……佛罗伦萨人注重语言表达，并将其视为社会生活的润滑油，一种陶冶情操的方式。这种思想也隐含在文学作品中。最先出现的是抒情诗。13 世纪末至 14 世纪初出现在以佛罗伦萨为中心的托斯卡纳地区的通俗抒情诗，被称为“温柔的新体诗派”。

你那秀美的风姿
不论身在何处
都让成人和少年郎
衷心赞扬
让鸟儿们用各自的言语歌唱
无论清晨与傍晚
歌声飘荡在碧绿的灌木丛中
让全世界歌唱吧
恰如其分地歌唱
歌唱你高贵的价值
你宛如天使一般
让春光明媚，近在眼前

这是温柔的新体诗派的代表诗人，佛罗伦萨的圭多·卡瓦尔坎蒂（约1255—1300年）依照古体诗所创作的早期诗作之一《新鲜娇艳的玫瑰》当中的一节。这一诗派除了卡瓦尔坎蒂，还有博洛尼亚的圭多·圭尼泽利，卢卡的博纳基恩塔·奥尔齐亚尼、奇诺·达皮斯托亚，还包括年轻的但丁。

他们突破了法兰西南部游吟诗人抒情诗固化而俗套的“宫廷恋情”，开创了符合新时代的风格、语言和感受。当时，他们虽然向西西里诗派[1]学习押韵和比喻，但他们想用语言表达符合城邦市民的恋爱体验，升华精神境界。

最终，他们雕琢出了“贵妇人”这一艺术形象。这里的贵妇人不再只是让男性骑士拜倒在石榴裙下的夫人，而是洋溢着灵魂魅力的女性。令人心神荡漾的贵妇人、充盈着生命力的贵妇人、光彩照人的贵妇人、灿若繁星的贵妇人、天使般的贵妇人……迷恋贵妇人的诗人不仅诉诸感性，还调动理性，富有戏剧性地描绘自己内心所感受到的爱、恐惧和苦恼。

当时，城邦内非贵族家世的工商业者崛起，在这一背景下，温柔的新体诗派诗人认为，个人可以凭借天资和努力得来的美德来塑造高贵的灵魂，而这与出身、血统优劣并没有关系。

但丁（1265—1321 年）崇拜前辈卡瓦尔坎蒂，其早期诗作受到了他很大的影响。《新生》（约 1293 年）是一部以十四行诗为核心，包括 31 首诗的诗集，继承了温柔的新体诗派的衣钵。然而之后但丁由于文学观、世界观与卡瓦尔坎蒂不合，与他分道扬镳。出身小贵族家庭、深度参与政治活动、对市民生活伦理十分敏感的但丁，从具有普遍意义的宇宙规律出发，探察美德、恶行以及救赎之路。

---

1 受游吟诗人的影响，用西西里方言唱诵抒情诗的诗人群体。——译者注

但丁在政治斗争中落败，被流放海外，于忧愁苦闷之中坚持完成的《神曲》（1321年）是一部杰作，也是一部巅峰之作。但丁把这部作品分为地狱篇、炼狱篇和天国篇，融合了圣经世界、中世纪神学、上自古希腊罗马下至但丁所在时代的历史、古典学术传统等知识，并且用"三"这一关键性数字把这部作品营造成一个有机统一的完美几何学产物，一座语言造就的宏伟的哥特式殿堂。

阿雷佐法律公证人的儿子彼特拉克（1304—1374年）继承了温柔的新体诗派诗的恋爱观和创作技巧，发挥了新旧时代接力棒的作用。他的《歌集》（1336—1374年）是一部俗语（意大利语）抒情诗集，共有366首，歌颂的是他所爱恋着的女人——劳拉——的灵魂从地面奔向天国的故事。

不过，从来没有任何一位诗人像温柔的新体诗派或彼特拉克这样高度评价对美丽女性的爱的意义。古代人的爱不是单纯的肉欲，就是理智的友谊，而在13世纪以前的中世纪，对于现世女性的爱恋无非是证明了男性的软弱和罪孽深重，要不然就是像宫廷恋爱那样的贵妇人和骑士的消遣。在温柔的新体诗派看来，对于美丽女性的爱是幸福的源泉，是升华灵魂的一种手段，他们不仅跨越了身份和阶级，还超越了异教和基督教的矛盾，追求的是人性的可能性。从这一角度而言，他们也是文艺复兴时期文学家、思想家的先驱。

奇马布埃和乔托

13 世纪中叶在托斯卡纳地区，比萨在政治、外交领域雄霸地中海，在艺术方面也是鹤立鸡群。而佛罗伦萨几乎没有出现过伟大的艺术家。如果要在这座城市寻找最早的真正伟大的中世纪艺术家，那么目光将会锁定在雕塑家、建筑师阿诺尔夫·迪坎比奥（下一小节将会提到）和画家奇马布埃身上。二者均师从比萨的前辈，其影响力遍及佛罗伦萨和整个中部意大利。

奇马布埃（约 1240—1302 年）虽然继承了用金箔装饰的庄严却呆板的拜占庭画风，却对其进行了经年累月的推敲雕琢，拓展了绘画的可能性。他采用高密度且鲜明、锐利的笔法描绘人物肖像，绘画表面像丝绸一样透明柔和，让画作流动着霓虹般的色彩。不过，肢体表现还不够写实，有时会出现过分拉伸的畸形。例如，圣十字教堂的《受难》（现在由该博物馆收藏）就是一个很典型的例子。但是，较之于以前的绘画，尤其是与拜占庭风格的画作相比，明显更加贴近现实主义。

乔托（约 1267—1337 年）的地位更加重要，堪称文艺复兴绘画艺术鼻祖。当我们的目光从拜占庭风格死气沉沉的人物肖像转移到乔托画作所表现出来的那些生活在现世的人身上，他们生机勃勃的情感表达和生动活泼的行为举止，无论是谁都会拍案叫绝。而且他的画作对人物的刻画要比奇马布埃更加写实和立体（三维性）。而且开始运用明暗、透视、远近等方法来制造空间，让人体、物体显得更为立体。保存在佛罗伦萨的代表作有新圣母马利亚教堂的《耶稣受难》、圣乔治·科斯塔教堂的《宝座上的圣母》、诸圣教堂的《圣母马利亚》（现乌菲齐博物馆收藏）和《庄严的圣母子》（同馆收藏）。

到了14世纪前叶，乔托的徒弟贝尔纳多·达迪、玛索·迪·巴柯、塔戴奥·加迪等人崭露头角，在圣十字教堂和圣灵教堂等诸多礼拜堂留下了作品。然而，黑死病之后的画坛又向简单、扁平化的方向倒退了，将乔托精心塑造的空间感抛到了脑后。安德里亚·奥尔卡尼亚的作品就很典型。他是画家、雕塑家和建筑师，前文介绍过，他因在1355—1359年将圣弥额尔教堂里装饰过于夸张的圣坛改造为晚期哥特风格而声名大噪。他的绘画作品包括新圣母马利亚教堂斯特罗齐礼拜堂的多翼式祭坛画（1357年）等，图画式画

图3-2　皮萨诺钟楼浮雕作品《天文学家》（上）、《医生》（下）（大教堂博物馆）

风，笔法精准，人物肖像纯粹是正面像或侧面像。

后奥尔卡尼亚流派的画作直至14世纪下半叶依然强势，但继承乔托风格的吉奥迪诺和乔凡尼·达米拉诺也逐渐活跃起来。他们发展了自然主义视角，创造了“布料的质感”“皮肤的光泽”以及“因哀叹而通红的脸颊”等新颖的表现方式，超越了乔托。

14世纪初阿诺尔夫·迪坎比奥去世之后，安德烈·皮萨诺（约1290—1348年）博得了第一雕塑家的称号。1336年以前，他一直在雕刻洗礼堂的铜门，这扇门完成之前，他接替乔托负责大教堂的钟楼建设。而后在1359年（皮萨诺已于1343年结束了在佛罗伦萨的工作），高85米的五层钟楼竣工。

皮萨诺还承接了为塔楼底座圆雕饰嵌刻大理石浮雕的工作，下层雕刻的是《圣经》创世纪开篇的传说故事和人类的各种劳动，上层的主题是行星、美德、自由、洗礼，等等。这些雕塑真实反映了共和制城邦中高歌猛进的商人的精神和世界观，与同时期的圣弥额尔教堂一并成为象征行会体制和城市新政体的建筑，值得瞩目。

阿诺尔夫时代的公共建筑

如上一章所述，平民政权于1250年建立，而后在1282年发展为更加正式的第二次平民政权，急需能如实反映基础广泛的民主共和制且具有象征意义的建筑物。因此，政府在该政体执政期间建造了大量公共建筑。

最先营建的是今天众所周知的巴杰罗宫（图 2–2），1255 年开始动工。在建筑的主立面（包括已有的塔楼）建造了木质的突出结构。这座宫殿还曾在 1340—1345 年扩建，之后成了掌控佛罗伦萨城市风光的地标建筑。不仅是因为它那高约 57 米的棱角塔楼，还因为它楼体上的炮眼——表明封建军事统治权已经被城邦这一公权力掌控了。

在第二次平民政权期间，试图显示其强有力的统治和正义的行为范围越来越广，因此建筑师阿诺尔夫·迪坎比奥（约 1240—约 1310 年）被选为城市规划的总负责人。他是这一时代以及接下来的文艺复兴时代——对佛罗伦萨影响最为深远——留下文物遗产最多的建筑师。

首先在 13 世纪末，市政府出资，阿诺尔夫着手建造花之圣母大教堂。这是一座极度威严宏大的哥特式建筑，同时通过搭配产自普拉托的墨绿色大理石、产自卡拉拉的纯白大理石、产自马雷马的粉色大理石，营造出一种些微而雅致的肉质效果，体现了阿诺尔夫对“科斯马蒂风格”[1]装饰的偏好。

1　以擅长多色大理石装饰的科斯马蒂家族为核心的装饰工艺。——译者注阿诺尔夫在竣工前就去世了，之后这项工程交给了建筑师弗朗切斯科·塔伦蒂，在毛织行会的监督下，教堂于1366年完工，其原貌一直保存至今。这座教堂有三道凉廊，正厅部分预备了四个宏大的门拱，交叉处则是要加盖的穹顶（穹顶由布鲁内莱斯基建成）。进入内部空间，天顶高高在上，庄重宏伟。这座教堂的构造主要呈正方形和八角形，所有比例关系都经过了细致入微的统筹和计算，其平衡性让人一目了然。

尽管是哥特式建筑，但其外部的纵向线条是五层均为横向连接的长方形，内部则用整体环绕的粗大的水平建材加以收拢。自不待言，大教堂是佛罗伦萨景观的点睛之笔，统领城市全景，城市的主要街道也与之相连。

图3-3 从佣兵凉廊仰望旧宫。面前是本韦努托·切利尼《珀尔修斯像》

随后阿诺尔夫修建的是旧宫——最早叫作市政宫，15世纪叫作领主宫，美第奇公爵时期叫作道奇宫，美第奇家族迁往皮蒂宫后，这里改称旧宫，当时是政治中心。如果说大教堂是佛罗伦萨宗教领域哥特式建筑的代表，那么旧宫就是世俗哥特式建筑的典范。1299年，这座宫殿在曾是乌伯尔蒂家宅毁坏后的遗址上动工建设，1314年完成了包括塔楼（高约94米）在内的核心部分。

这是一座坚固的方形建筑，三层结构，采用严谨的直线型设计，窗户很小，附带炮眼，设置了高大的胸墙，外观与巴杰罗宫一样带有军事色彩。尽管这座宫殿呈现了要塞的风貌，但也是城邦自由和权力的象征。此外，其堆砌黄褐色硬质砂岩强石[1]的工艺也得到了之后佛罗伦萨宫殿建筑的推广普及。

钟楼北侧立面与主立面中心线重合，而且钟楼与主立面等高。附带炮眼的胸墙的高度与塔楼顶部钟屋的高度均为主立面总高度（也可以说是钟楼的总高度）的1/3。因此可以采用1∶1、1∶2、1∶3、2∶3的比例来统一主立面的设计，首领们也可以确保神的正义性，并以此彰显佛罗伦萨是和谐的新耶路撒冷。

另外，前文提到过的重建的石制圣十字教堂，据称也是阿诺尔夫的代表作，为了重建，除了募集到的捐款，1295年市民议会还决定每年划拨1200弗洛林的预算，之后工程启动。但此项工程遥遥无期，直到15世纪中叶才完工。

13世纪末至14世纪下半叶，平民们豪情壮志，以期依托大

1 Pietra forte，黄褐色，一种砂岩。——译者注

型公共事业重新编排城市组织，因而教会和世俗双方的大型建筑显著改变了城市风貌。城邦当局自然要规划预算，不过一些重要建筑（大教堂、托钵修会的教堂、圣弥额尔教堂、慈善医院等）必然会获得主要行会的支持。毕竟所谓的平民政权也就是行会体制。当行会对建筑给予支持的时候，还会成立建筑委员会，有针对性地购买原材料、定制装饰，调配石匠、木匠、瓦匠，对佣金支付等环节进行监管。

此外，在14世纪上半叶，主要的公共建筑以及以这些公共建筑为节点向四方延伸的城市空间，都逐步形成了规则、笔直、有组织性、有秩序、协调、有统筹性、卫生等“装饰政策”原则，还被当局采纳，确立为城市条例——这一点同样值得关注。以公共建筑所面对的广场为代表，所有主要广场的扩建和整修，以及铺设与广场相连的道路，或是拓宽、改变现有道路，铺装砖石街道等举措，都要遵循这些原则。

综上，工商业者作为新产业的中流砥柱，进一步增强了自信，他们将古罗马文化和基督教的精神在城邦这一文明装置中糅合，形成了中世纪晚期佛罗伦萨的特质：人民献身公共事业，城市及城市建筑建设井然有序，以及自然主义、现实主义所塑造的人文色彩和坦诚率真的情感表达。

第四章

文艺复兴时期的政治、经济、社会

14 世纪中叶至 16 世纪初

美第奇家族纹章（圣洛伦佐教堂的“美第奇家族礼拜堂”）

文艺复兴时期，人们摆脱了中世纪的社会和文化，尤其是摆脱了因循守旧的大家族和封建性质的主仆关系，并且否定现世基督教的压迫，实现了个性解放，能够自由发挥人的才能。而且之所以使用这个名称（“复兴”）来称呼文艺复兴时期，就是因为这个时代复兴了被野蛮的中世纪埋葬了的古典文化，并依靠古典文化重塑理性思维，创造卓越的艺术、文物和更加优越的生活方式。具体而言，14 世纪下半叶至 16 世纪掀起了这场以意大利——特别是以佛罗伦萨——为主战场的文化运动，并且迅速波及德意志、法兰西、英格兰等北方地区。这些都是大众普遍了解的，教科书上也是这样写的。

不过，随着近年社会史研究的发展，另一种观点变得更有说服力，认为文艺复兴时期的社会与前一阶段的中世纪一脉相承，尤其要关注家族、族亲关系，兄弟会、行会等社会性组织的关系。在我看来，不只是社会层面，中世纪鼎盛时期和晚期的文化也直接注入到了文艺复兴时期的文化之中。

商业持续发展——毛织品和丝织品

14 世纪中叶乃至整个 15 世纪，在这段文艺复兴文化艺术的巅峰时期，经济却萎靡不振，苛捐杂税加之无休无止的战争，导致商业凋敝、农业萎缩，百姓生活穷苦，这与辉煌灿烂的文化现象形成了鲜明的对比……一直以来似乎确实如此。

不过，与这种文化与政治、经济、社会状况不平衡的观点有所不同，参考 R. A. 戈德思韦特最近对佛罗伦萨经济史的研究，可以清楚地发现，文艺复兴时期确实存在倒闭的商会，但也有新兴商社和实业家凭借积极进取的精神和对资本的有效利用获得了莫大的财富，而织造行业自始至终都为佛罗伦萨奠定了坚实的产业基础，飞速增加了佛罗伦萨的财富。

据 1321 年纳税清单显示，毛织品行会遥遥领先于其他行会。正如第二章所述，佛罗伦萨的毛织品产业至少有 26 道工序，他们采用“分包体系”，让经营更加高效。资本家以行会为基础制定该产业的标准，规定生产流程，并提供再生产的资本。

此后毛织品始终保持坚挺，14 世纪前叶的银行破产和黑死病都未曾挫伤其生命力，反而积极主动寻求新的发展，贸易做大做强，劲头十足，风头正盛。根据 1427 年的“征税清单”（服务于征税的自行申报的资产调查），40% 的申报者都从事毛织品相关行业。虽然也遭遇过波澜，但得益于开拓了北欧的商路，16 世纪下半叶之前，毛织品行业始终欣欣向荣。

另一方面，佛罗伦萨直到 15 世纪才出现丝织品生产，晚于毛织品。邻近城市卢卡从 11 世纪开始制作质地精良的传统丝织品，但在14世纪前叶，大量丝织工人迫于内乱以及不堪忍受雇佣兵队长卡斯特鲁乔·卡斯特拉卡尼成为君主之后对他们的管控而背井离乡。他们去其他城市定居，传授丝织技术。卢卡的一些丝织工人也来到了佛罗伦萨。15世纪中叶以后，佛罗伦萨才真正开始发展丝织产业。

就这样，丝织产业实现飞跃发展之后，丝绸行会的地位也提高了，对公共建筑的援助几乎可以与洗染行会、毛织行会并驾齐驱。据记载，1470年已有83家丝织品相关作坊、店铺，1/3的人口都以不同的形式参与到这一行业中。虽然这个数据的可信度不高，但丝织产业的确取得了突飞猛进的发展。佛罗伦萨丝织品的销售范围东西横跨地中海，甚至远销北欧地区的教廷、宫廷。交易市场遍布布鲁日、伦敦、日内瓦、里昂等地，16世纪还增加了安特卫普，进而向德意志南部和东欧扩展市场。

除了上述毛织品、丝织品，麻织品在佛罗伦萨同样繁荣。无论如何，从中世纪到文艺复兴时期，织造业在佛罗伦萨的产业中始终居于核心地位，而且拥有原料粗加工、织布乃至洗染等众多雇佣工人。换言之，这一行业是大量市民的生活支柱。正是以织造业为核心的坚韧稳固的经济实力，从根本上支撑了佛罗伦萨的文艺复兴文化。

通往领域国家之路

佛罗伦萨在城邦（自治城市）成立之初，不仅不断蚕食周边农村地区，扩大统治领域，还积极征服其他城市，试图控制托斯卡纳地区。在这一过程中，1197 年，托斯卡纳各个城市签署和平条约，缔结“托斯卡纳同盟”，但之后佛罗伦萨与毗邻城市依然兵戈不断。

在 13 世纪之前，佛罗伦萨与锡耶纳、卢卡、比萨、皮斯托亚等主要城市交战，试图征服这些地方，不可避免地摧毁了诸多小城镇、领主领地和城堡。1222 年，在博斯克之战中佛罗伦萨战胜了比萨，在神圣罗马帝国皇帝弗里德里希二世干涉之前，佛罗伦萨建立霸权，暂时维系了托斯卡纳地区的平衡。

14 世纪下半叶佛罗伦萨向形成领域国家迈出了新的一步。14 世纪中叶，由于黑死病肆虐，所有城邦人口减半，但这反倒让原本体量巨大的佛罗伦萨处在一个便于向他国扩张的位置。随后开展了一系列的购买、征服与合作同盟。这种领土扩张与文艺复兴初期的文化勃兴同步进行。文艺复兴虽然是一种城市运动，但也并非与农村毫无关联。因为农村才是城市财富的宝库，是城市内织造业以及文艺复兴的经济基础。

之后佛罗伦萨在 1382 年确立了寡头统治（参考第二章），采取了更具有攻击性的扩张政策，直至15世纪前叶。其中也包括同米兰的对抗。然而，当先后侵占伦巴第、艾米利亚两个地区，进而向托斯卡纳、翁布里亚实施扩张的米兰大公吉安·加莱亚佐·维斯孔蒂向佛罗伦萨发起进攻时（1390—1402年），本应站在归尔甫党一方的教皇、那不勒斯、法兰西和匈牙利却没有像以往那样出手相助。更有甚者，野心勃勃的那不勒斯国王拉迪斯拉斯还在1409—1414年同佛罗伦萨开战。因此佛罗伦萨决心通过扩张本国领土来确保国家安全。

佛罗伦萨最终在1384年占领了阿雷佐，1390年统治了蒙特普齐亚诺，1401年完成了对皮斯托亚的占领，1406年经过激烈的军事对抗，最终征服了比萨，取得了一项重要成果。随后又先后征服了科尔托纳（1411年）和里窝那（1421年），佛罗伦萨得以自由地迈向大海，在一定程度上成了海洋贸易国。之后，又在1429年和1472年两度攻陷沃尔泰拉。

就这样，佛罗伦萨共和国成为托斯卡纳地区掌控了大量独立城邦和农村地区的强大领域国家，截至15世纪20年代，其领土面积达11000平方千米，包括26万人口。

如第二章所述，从11世纪开始，托斯卡纳地区皇帝、边境总督等城市上层领主力量孱弱，城邦开展自治。因此城市本身极其注重掌控领域组织的统治权，尤其是从13世纪起，弱化了农村领主对领地的管控，将其纳入城市网络之中。佛罗伦萨采取的措施是将征服的大城市（比萨、阿雷佐、皮斯托亚等）和当地农村地区割裂开来，切断大城市与收入来源的直接联系，封锁其生命线。另一方面对于那些被称作“terre”和“borghi”的小城邦，则采用缔结同盟关系，允许其自治，而不是将其纳入治下。

在统治国家疆域的时候，佛罗伦萨把主城看作光源，不断向外扩张光环。也就是树立城市大一统的思想观念，譬如强制农村地区的居民参加宗教仪式；降服的城市的执政官——“地方长官”或“市政官”——均由派遣的佛罗伦萨人担任。

此外，佛罗伦萨不允许被征服城市设置可以自主审判的法院。佛罗伦萨还剥夺了这些城市征收间接税等税款的权利，但只是将其作为惩罚，通常只是一种暂时性的措施。然而1419年，佛罗伦萨成立了在整个领域拥有征税权的机构。

更重要的是，佛罗伦萨的统治阶级在全境建立了可严密管控的官僚体系。实现的方法就是从佛罗伦萨城区向周边农村地区和distretto[1]推广的“互惠”，后文将会提到。不仅佛罗伦萨的贵族与臣服城市的贵族之间可能建立姻亲关系，而且佛罗伦萨的贵族以执政官、市政官、神职人员、地主等身份长期驻扎在臣服城市，

---

1 除乡村地区之外征服的城市、领土。——编者注

常常乐于与当地居民建立私人关系。

总之，尽管佛罗伦萨从未染指臣服城邦的城市条例，摆出一副允许其自治的姿态，却从人际关系的侧面施加压力，利用当地熟识的官员，让亲佛罗伦萨的人担任重要的行政职务，从而将统治网络覆盖到周边农村地区和新征服的地区，在政治、经济、社会等各个层面建立起佛罗伦萨市民同周边地区居民的纽带关系。

这种对周边农村地区和新征服地区的霸权统治始于阿尔比齐家族寡头统治时代（1382—1434 年），在老科西莫时代，皮蒂家族对周边农村地区的影响力与美第奇家族不分高下。但是 1466 年，皮蒂家族在与“痛风者”的武装斗争中落败，领土控制权被美第奇派系独揽，这加快了洛伦佐·德·美第奇时代的到来。

进入美第奇时代

美第奇家族在以行会为基础的共和制度治下的佛罗伦萨，逐渐发家壮大，建立了霸权。相传他们出身于佛罗伦萨北郊约 3 公里处的一个名叫穆杰洛的农村地区，作为药剂师或药材商来谋生，但具体情况不得而知。

14 世纪后，美第奇家族的领地扩大，还曾有多位族人担任佛罗伦萨市的市政官。与此同时，他们得到了教廷的重用，负责财务管理和欧洲全境的贸易往来，发展银行业，分行遍布欧洲和整个地中海西部。乔凡尼·迪·比奇（1360—1429 年）一边利用贷款利息积累大量财富，一边在 14 世纪末到 15 世纪前叶涉足毛织行业，奠定了坚实的经济基础，被称为美第奇王朝的始祖。他韬光养晦，从未表露政治野心，安然度过了阿尔比齐家族统领的寡头政治时代。

乔凡尼的长子就是科西莫（“老科西莫”，1389—1464 年）。他不仅从父亲那儿继承了巨额遗产，还具备出色的商业才能，他扩大各类商品贸易，进一步发展壮大美第奇银行。政治方面，他多次当选市政官和外交官，不但圆满完成了任务，还拓展了人脉。

1428 年进攻卢卡失败之后，阿尔比齐家族的里纳尔多遭到了不堪重税的民众如潮般的批判，并被解除了军队代表委员的职务。科西莫美第奇派对阿尔比齐派穷追猛打。1433 年，里纳尔多为了对抗他们，鼓动同年当选“正义旗手”的贝尔纳多·瓜达尼消减与美第奇家族结盟的小行会的参政权，随后召开了没有美第奇家族参加的紧急市民大会，设置特别委员会，逮捕科西莫。之后科西莫被流放到了威尼斯。然而，米兰因为不满佛罗伦萨攻击卢卡而大举入侵佛罗伦萨，结果佛罗伦萨不敌来犯的米兰军队，舆论随即反转，重新召开市民大会并开设特别委员会——这次驱逐了七十多名阿尔比齐派。1434 年 10 月，科西莫返回佛罗伦萨，市民们用欢呼声欢迎他。

大权在握的科西莫为了避免民众反感，表面上仍维持着共和制，不显山不露水地把自己看中的人员安插在各种政治、行政机构之中。第二章提到过，在共和体制下，根本宗旨是要确保公平无私，用抽选的方式从资格审查通过者中挑选公职人员。抽选时，要把有资格参选的人员的名字写在名帖上，放入皮囊之中，然后由名叫“阿科皮亚托里”的官员负责管理。但是科西莫——进一步改进了始于阿尔比齐时期对抽选者的操纵——收买阿科皮亚托里，为他增加了资格审查的职能，进而让其管理选囊，外表看上去没有任何变化，但这样就能顺理成章地任命心腹之人。

为了佛罗伦萨的生存和发展，科西莫极重视外交，合纵连横，随机应变。起初，为了对抗在维斯康蒂家族统治下，不断领土扩张、对佛罗伦萨造成威胁的米兰，科西莫与罗马和威尼斯缔结了同盟关系。而后 1440 年，在阿雷佐附近的安吉里之战中，佛罗伦萨军队击溃了米兰军队。然而，当米兰的菲利普·马里亚·维斯康蒂死后，其女婿弗朗切斯科·斯福尔扎当选米兰公爵，随后在 1451 年，科西莫又同这个敌对国家结为同盟。

三年后，威尼斯共和国与米兰公国签订《洛迪和约》，加上佛罗伦萨共和国、教皇国、那不勒斯王国，当时的“五大国”结成“意大利联盟”，意大利半岛享受到了久违的和平。在这段持续了不到半个世纪的和平时期，美第奇银行的分行遍布意大利内外的主要城市，成为欧洲独占鳌头的商社。佛罗伦萨的政治虽然也任由美第奇家族摆布，但当时还小心维护着共和制。毕竟佛罗伦萨的市民如此珍爱共和制。科西莫也得到了民众的普遍认可，死后被奉为“国父”。

到了老科西莫的儿子皮耶罗时代，反美第奇运动如火如荼，但还能加以控制，以继续维护统治。然而五年后的1469年，皮耶罗去世，其长子洛伦佐（1469—1492年在位）继任时年仅20岁。

洛伦佐具备良好的古典素养，艺术感觉也很出色，但不擅长经商，导致美第奇银行濒临破产，1487年米兰分行关闭，次年阿维尼翁分行关闭，此后伦敦分行和布鲁日分行于1480年、威尼斯分行于1481年先后关张。1483年，里昂分行出现挤兑风潮，分行接连关门或倒闭。1470年，普拉托爆发叛乱之后，他意识到不合法的权力是不稳固的，于是强化了对美第奇家族的管控，使其牢牢占据了共和国决策机构的核心，使次年的“百人议会”产生了根本性变化。1478年在大教堂做完弥撒之后，洛伦佐的弟弟朱利亚诺遇刺身亡，洛伦佐历经千难万险才幸免于难，并对这起“帕齐家族的阴谋”展开猛烈报复，后演变为他与暗中煽风点火的教皇激烈对峙。正当要陷入与教皇以及和教皇有同盟关系的那不勒斯王国的战争危机之时，洛伦佐奋不顾身，与那不勒斯王国的费尔南多一世直接谈判，签订了停战协议。

躲过一劫的洛伦佐创立了“七十人议会”，更加严格地管控共和国的各项制度，亲自挑选议员，将主要权力，也就是除了立法、外交权力之外的市政官选举权等权力赋予了议会（1480 年）。同年创立了“实权八人会”，取代了古老的“巴利亚十人会”，以此修订外交、国防政策。

1481 年及 1490 年，洛伦佐为了进一步限制“七十人议会”的权力，新设听命于自己的“十七人议会”。这个议会取代了其他所有议会，成了常态化的特别委员会。共和制摇摇欲坠，事实上的君主制已然确立，各国国王或君主纷纷致信，开展外交活动。佛罗伦萨能够与那不勒斯王国、米兰公国、威尼斯共和国、教皇国等意大利境内强国之间实现权力平衡，也要归功于洛伦佐。此后的数十年间，佛罗伦萨名义上仍是共和国，但实际上已归于美第奇王朝治下。

互惠驱动城市

从上一章节可以看出，老科西莫之后的美第奇家族的政治策略是扶植政治傀儡，自己在背后操纵。所谓“美第奇体制”，本质上就是近亲、朋友的政治联盟。

文艺复兴时期的佛罗伦萨原本就是一个身份差别极为突出的

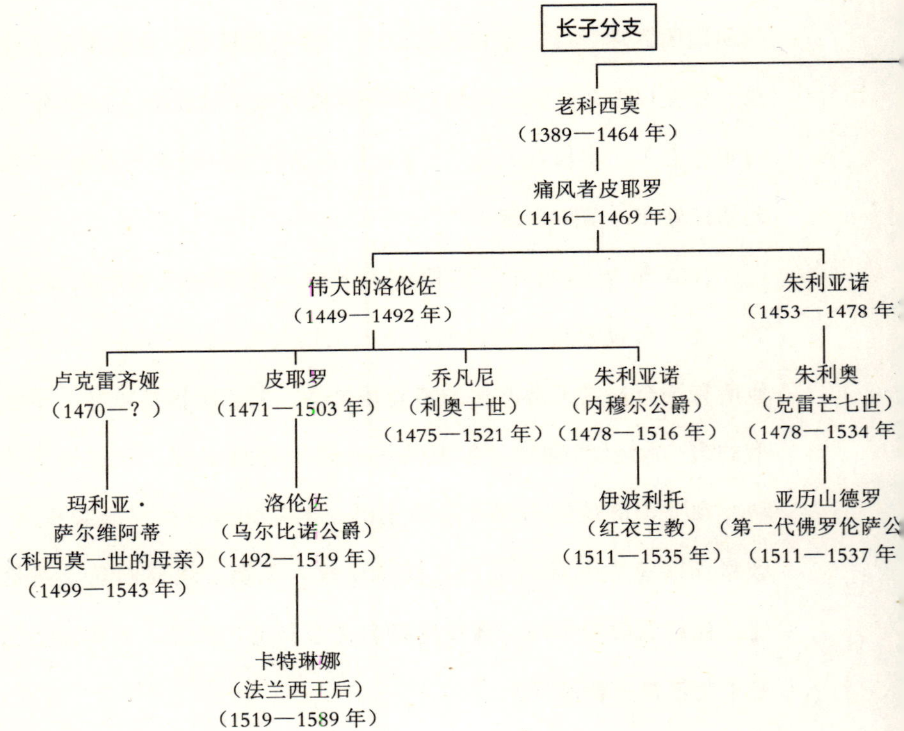
长子分支
老科西莫
（1389—1464 年）
痛风者皮耶罗
（1416—1469 年）
伟大的洛伦佐
（1449—1492 年）
朱利亚诺
（1453—1478 年
卢克雷齐娅
（1470—？）
皮耶罗
（1471—1503 年）
乔凡尼
（利奥十世）
（1475—1521 年）
朱利亚诺
（内穆尔公爵）
（1478—1516 年）
朱利奥
（克雷芒七世）
（1478—1534 年
玛利亚·
萨尔维阿蒂
（科西莫一世的母亲）
（1499—1543 年）
洛伦佐
（乌尔比诺公爵）
（1492—1519 年）
伊波利托
（红衣主教）
（1511—1535 年）
亚历山德罗
（第一代佛罗伦萨公
（1511—1537 年
卡特琳娜
（法兰西王后）
（1519—1589 年）

图4-1 美第奇家族族谱

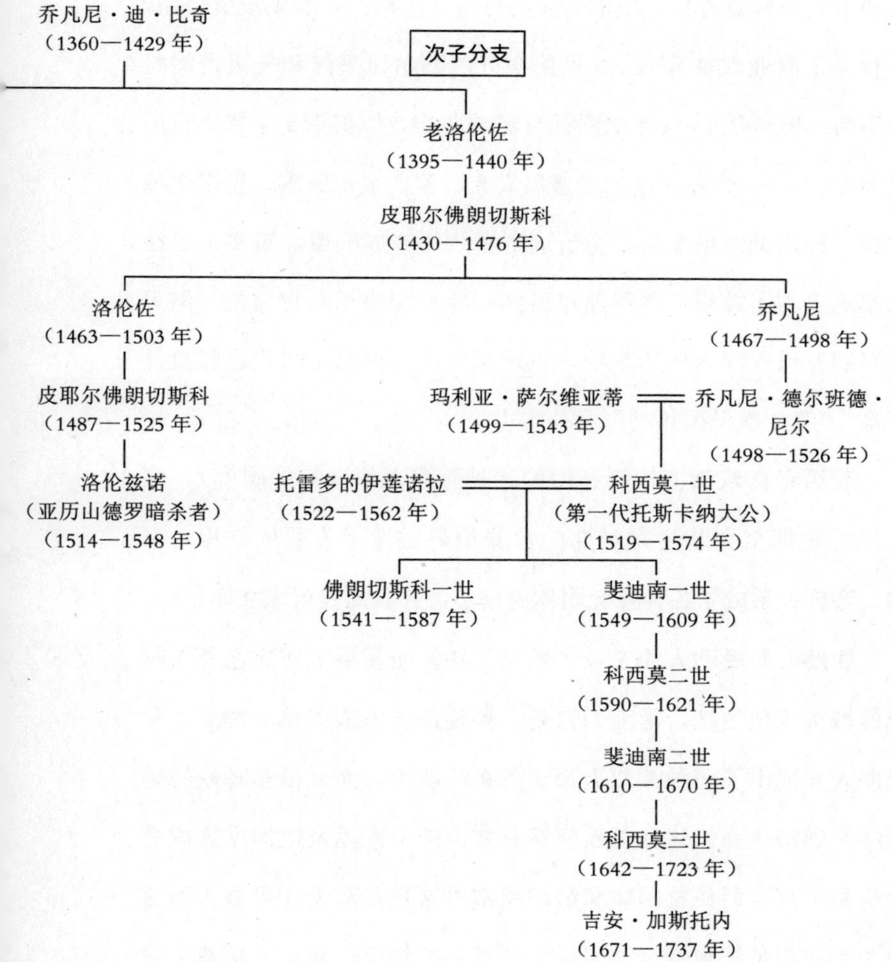
乔凡尼·迪·比奇
（1360—1429 年）
次子分支
老洛伦佐
（1395—1440 年）
皮耶尔佛朗切斯科
（1430—1476 年）
洛伦佐
（1463—1503 年）
乔凡尼
（1467—1498 年）
皮耶尔佛朗切斯科
（1487—1525 年）
玛利亚·萨尔维亚蒂
（1499—1543 年）
乔凡尼·德尔班德·尼尔
（1498—1526 年）
洛伦兹诺
（亚历山德罗暗杀者）
（1514—1548 年）
托雷多的伊莲诺拉
（1522—1562 年）
科西莫一世
（第一代托斯卡纳大公）
（1519—1574 年）
佛朗切斯科一世
（1541—1587 年）
斐迪南一世
（1549—1609 年）
科西莫二世
（1590—1621 年）
斐迪南二世
（1610—1670 年）
科西莫三世
（1642—1723 年）
吉安·加斯托内
（1671—1737 年）

社会，平等无从谈起。前文提到的 1417 年的征税清单显示，最富裕的 100 个家庭占有了城市 1/4 的财富（不动产，长期投资公债，银行、工商业收益等）。15 世纪前叶，阿尔比齐派和美第奇派纷争不断，但自从 1434 年老科西莫流放归来，以美第奇家族为首的强大家族 —— 帕齐家族、卡普尼家族、索代里尼家族、里多尔菲家族、托尔纳博尼家族、圭恰迪尼家族等家族联盟，事实上已经牢牢地巩固了政权。老科西莫虽然不能直接给予高官显位，但可以对朋友或代理人施加影响，执政执牛耳。美第奇时代已然拉开序幕，“第二次平民体制”名存实亡。

美第奇在政治上频频利用的这种互惠关系（庇护制度），在中世纪晚期至文艺复兴时期的佛罗伦萨发挥了重要的作用。家族、亲族关系成了各种社会团体的核心，并以此投射家族印记。

赞助人与受助人的关系之所以能够轻而易举地在文艺复兴时期的城市落地生根，是因为它是一种延伸的家族关系。赞助人和受助人表现出了一种类似于亲子关系的态度，而且很多时候的确缔结了姻亲关系。这种关系能够有效保护个人以及他的家族规避危险和不测，而传统团体和组织通常对这种危险无计可施，但这种关系并不是法律或合同那样白纸黑字的规定，而是一种基于口头约定和日常交往的非正式、道义性和社会性的主从关系。即使没有官方形式，实际上也发挥着官方效用。

赞助人会依据言谈举止给予受助人多方面“恩惠”。政府的官职，推荐进入大学、兄弟会或行会要职，圣俸或融资中介，税费优惠，司法仲裁，释放囚犯，介绍商业伙伴或有利可图的结婚对象……接受恩惠的受助人则要向赞助人表达崇敬之情，宣誓效忠。如此积累，将会不断提高赞助人的政治和社会威信。

众所周知，艺术家们只有攀附强有力的赞助人，才能够创作出卓越的作品。文艺复兴时期的佛罗伦萨之所以能兴建需要巨资投入的大型建筑，能使用昂贵原材料（大理石、青铜、黄金以及群青颜料）的雕塑和绘画装点市容，都是因为有赞助人为了家族名望承担了费用。15 世纪初，市政府力压群雄，成了佛罗伦萨最大的赞助人。不单是市政府本身，还有行会、修道院、教堂和兄弟会，等等。如前文所述，其特聘的首屈一指的艺术总监就是乔托和阿诺尔夫。

不过到了 15 世纪下半叶，主要的赞助人变成了“个人”，也就是大家族的族长。美第奇家族的老科西莫就曾向教堂、修道院、图书馆建筑等公共工程投入了巨额的私人资产，而且庇护了多位艺术家。甚至人文主义者——尤其是马尔西利奥·费奇诺和安杰罗·波利齐亚诺——也得到了乐于求知钻研的老科西莫的庇护。艺术家和人文主义者凭借他们的“工作”赚取相应的金钱，除此以外还有礼品、养老金、圣俸，有时甚至还会获赠别墅。

15 世纪，美第奇家族树立了赞助人的典范，在它之下还有许多大家族——这些家族同样保护艺术家——为了家族名誉、美化城市而资助创作。这一时期签订的合约当中，赞助人提出的要求之精细令人咋舌。价格和期限自不必说，还有作品的尺寸、主题和构图，甚至连绘画用具的种类都要包括在内，非常讲究。由此可见，文艺复兴时期的艺术作品可以说是艺术家与赞助人的合作作品。

亲族、邻居、朋友

互惠关系存在于大、中、小赞助人的阶层之中，他们编织了一张巨大的关系网，像撒网一样覆盖了佛罗伦萨全境。而且如前文所述，这种关系网突破了佛罗伦萨城区，扩展到了周边农村地区和新征服的地区。另外，在较小地缘范围内构筑紧密的人际关系也十分重要。例如，以“旗区”为单位的邻里关系，当地最有权势的家族同样一手遮天。

16 个旗区是当初为了分配税款和选举官职而划分的最小行政单位。因此，上层市民如果不能首先夯实自己所在旗区的支持率和影响力，几乎不可能进入市政厅。同样，对于平民百姓而言，旗区乃至微型教区、人们所生活的邻里组织，是他们宗教、生活、娱乐的舞台，通常能在这个范围内满足个人的日常生活。左邻右舍都会在同一个小教区的教堂做弥撒，祭祀主保圣人。整个家族基本都居住在同一个地区，同一行业的作坊也会聚集在一起。

重视名誉的感情也普及了佛罗伦萨社会最小的细胞。如果认为自己街区被诽谤中伤的言辞、进进出出的娼妓、贫民窟、屠户等玷污了，居民会反应激烈，进行联合抗议，而且人们还格外注重对当地贫困百姓的救济和精神方面的需求，不会有丝毫懈怠，这也体现了一种强烈的伙伴意识。

互惠关系的基础还包含了另一种重要的人际关系，那就是连接家族与外人形成的紧密的社会关系。其中之一就是上文的邻里关系，还有家族的延伸“亲戚”，此外还要重视“朋友”。正如当时的史料频繁出现“亲族、邻居、朋友”的说法。

曾是毛织品厂主的乔凡尼·莫雷利（1371—1444 年）在《备忘录》的第三部中对尚未成人的儿子们写道：“在自己的旗区要有不止一个朋友，要慷慨地投入你的财产，善待他们。如果你富有而又没有其他方法，那就要用钱来买朋友。要努力做一个受人爱戴、有权有势的优秀市民，努力保持良好的亲戚关系。”他强调了构建人际关系对于保护家业的重要意义。当然还要注意，文艺复兴时期佛罗伦萨“亲族、邻居、朋友”三者的范围和内涵，实际上在很多情况下存在着重合。

行会或归尔甫党等党派，以及频繁当选首领等重要官职的家族，其内部成员通常会通过世交的“亲族、邻居、朋友”的社会关系而建立联系。这种状况或将对所谓“文艺复兴时期的社会四分五裂”“崇尚个人主义”“像中世纪那样以集体社交为主体的社会风气已经荡然无存”的普遍观点造成一定的冲击。

婚姻是权贵的一件大事

综上，从中世纪直至文艺复兴时期，“家族”构成了佛罗伦萨的社会基础，因此，对于家族能否繁荣起到决定性作用的婚姻，则是一个家族乃至整个亲族的大事。对于一个门第而言，能否与理想的结婚对象结合，以及能否生下男孩继承家业，都是问题。因此，婚姻交涉势必漫长而烦琐。交涉这样进行 —— 首先媒人（介绍人）或是两家的朋友组局让双方父母会面；而后如果有望结合，两家首肯，接下来就会举行一系列仪式。第一个问题（也是最重要的问题）就是“嫁妆” —— 新娘要带去婆家的钱。对于嫁女儿的父亲而言，这是与自己、家庭的名誉息息相关，一生仅一次的大事。1400 年，上层市民嫁妆普遍是 600~900 弗洛林，一个世纪以后暴涨至这一数字的两到三倍 —— 顺带提一句，当时作坊经营者的年收入大多是 100 弗洛林，一个熟练工约为几十弗洛林，有些父亲甚至因为女儿太多而破产。但如果把女儿嫁给身份卑微的男人，又会让自己抬不起头，因此他们会向亲戚借钱，或是把女儿送进修道院。

为了避免这种因嫁妆而引起的窘境，1425 年，在城邦的关照之下，佛罗伦萨发行了一种定向公债“嫁妆基金”。最低预支 60（之后为 70）弗洛林，有五年（18.47%）、七年半（20.96%）、十一年（17.84%）、十五年（15.18%）等年利率可供选择。这种公债的收益率非常高。

新娘家要拿嫁妆——大部分是现金，其中一部分可以用新娘带去的衣物、装饰品、瓶瓶罐罐、缝纫工具等随身物品代替，而相应地，新郎家要提供“彩礼”。彩礼包括新娘的服饰、喜宴、一部分婚礼道具、婆家新房的装饰、完婚（房事）之后支付的现金，等等。

如果这些事先的交涉一帆风顺，双方父母会在近亲陪同下再次会面，在公证人的证书（合约）上签字，通过“握手交换”的方式予以明确，之后一对新人在新娘家起誓并交换戒指，可喜可贺的婚约便定下了。

而后在完婚当天，新郎和他的家族要喜气洋洋、浩浩荡荡地穿过佛罗伦萨的街道，从新娘家把新娘和她的全套衣物接回新郎府邸，送去婚房。这时，头戴饰品、打扮得亮丽夺目的新娘要手持松明（火炬），骑一匹小白马，新郎的朋友们则左右随行。途经广场时还要绕场行走，告知人们初夜即将到来。这场游行会事先在全城发布通告，当天还会用喇叭宣传，因此看热闹的市民会守候在路旁，高声欢呼。仪式最后以两家的婚宴告终。

有些纪念结婚和分娩的家具也是艺术品。最贵重的家具就是新郎家准备的嫁妆箱（婚礼使用的长方形衣箱）。这是一个用于存放新娘带来的布料、亚麻织物等物品的木箱，佛罗伦萨在1370—1520年制作过此类木箱。木箱外形类似石棺，正面刻画的是古希腊罗马神话历史、《圣经》旧约故事、马上枪术比赛、婚礼场面等，两端还绘制有填补空白的画面和族徽。

另外，祝贺新生儿降生时，父亲、朋友、亲戚会赠送“出生托盘”，托盘呈圆形、六边形或十二边形，用于盛放送给新晋妈

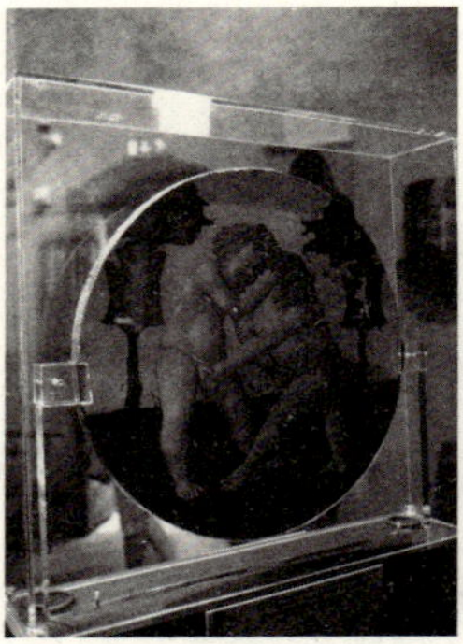

图4-2　出生托盘和嫁妆箱（达万扎蒂宫）

妈的食物，之后托盘作为餐具代代传承。有时会在托盘表面和背面绘制图案，主题多种多样，例如爱的胜利、重生之泉、庆祝分娩的场景、结婚场景、棋盘、家徽、纯洁嬉戏的孩童等。其他肖像画、卧室画作、雕刻圣母的大理石以及着色石膏像等，既是家具又是艺术品，15 世纪在上层市民家中随处可见，一些著名的艺术家也会亲手制作这些用具。

例如，马萨乔和弟弟斯格纳就曾制作过嫁妆箱和出生托盘，内里·迪·比奇的画坊专门绘制卧室画，朱利亚诺·达·马阿诺擅长制作 lettouccio（兼有收纳箱的木质长椅）。另外，罗比亚工作室制造的陶俑（参考第八章）的价格并不高，普通人也能买得起，因此非常普及。

欧洲世界大变革，任人摆布的佛罗伦萨

1492 年伟大的洛伦佐亡故之后，其长子皮耶罗继任。他在亲美第奇家族的贝纳多·鲁切拉伊和保兰托尼奥·索代里尼的辅佐下开始了统治，但由于稚嫩和缺乏才华而四处碰壁。恰逢此时意大利半岛风云激荡，法兰西国王对意大利的垂涎，让以往教皇和皇帝之间的战争更加复杂。意大利半岛的城市国家，如米兰公国、威尼斯共和国纷纷参与其中。

1494 年法兰西国王查理八世（1483—1498 年在位）开始南

下入侵意大利半岛，这让佛罗伦萨市民胆战心惊。皮耶罗没有与支持自己的政要家族商议，便擅自与查理八世交涉，做出了大幅让步，放弃了比萨、里窝那等附属城市和要塞的权利，以期能够避免对佛罗伦萨的入侵。

11 月 8 日，皮耶罗从已经身处比萨的法兰西国王那儿返回佛罗伦萨，说道："到家之后，要往外扔砂糖点心，向人民泼洒葡萄酒。要让人民称心如意。让他们看看和国王圆满结束谈判的我。而且我要做出兴高采烈的表情。（摘自《兰杜奇日记》）"然而兴高采烈转眼之间变成了垂头丧气。由于他放弃了佛罗伦萨历经千辛万苦征服的土地，反对派声势浩大，这位美第奇家族的代表人物只得仓皇出逃。

此时领导重建共和制的是之前多多少少向美第奇家族妥协过的精英，除了卢彻来家族、卡普尼家族、瓦洛里家族，还有一部分中间派。在尝试恢复传统共和制的过程中，萨伏那洛拉（1452—1498 年）的主张得到了更多人的拥护。

萨伏那洛拉生于弗拉拉，曾经是多明我会的会士，抨击过败坏的风纪，劝导人们树立良好的品德，后来逐渐成了一位预言家。1492 年年底，洛伦佐去世后不久，萨伏那洛拉便预言"一位像居鲁士那样的国王将从阿尔卑斯山的另一边来到意大利。他受到了神的指引，任何人都无法阻止他，他将夺取所有的城市和要塞”。当这则预言被侵略意大利的查理八世变为现实的时候，市民们无不瞠目结舌。

在皮耶罗被放逐后的共和制时代，萨伏那洛拉凭借其影响力废除了美第奇家族假公济私的各个议会，并于 1494 年 12 月组建了“大议会”。这是一个以广大市民为基础的立法及选拔主要官员的机构，其民众基础之广前所未有。有资格的议员多达 3000 人。它建立在豪族和波波洛（平民）相互妥协的基础上，回归到实现集体执政体制和代表制 —— 共和制 —— 这一初衷和计划上。

由此可以看出，萨伏那洛拉并不是一个思想激进、行为古怪的修士，而是一位遵循佛罗伦萨现实和传统的、务实的政治家，其思想精华汇聚在《佛罗伦萨政体论》（1498 年）中。在书中，他一方面从末日预言出发，号召敬畏神明，要像原始基督教信徒那样充满博爱，采取正确的生存方式；另一方面主张只有共和制才是最符合佛罗伦萨市民的政体，细致入微地论述了实现共和制的具体方略，尤其强调应该坚持他创设的“大议会”，只有大议会才能拯救佛罗伦萨。

他拥护绝对君权的“君权神授说”，将人君奉为神明，将其视为神的代理人，而在中世纪、文艺复兴时期的共和制中，神圣与凡俗、政治与宗教，同样以一种独特的形态互相纠缠。我们也要看到，共和制的传统之所以在佛罗伦萨根深蒂固，就是因为支撑着共和制的基督教精神长存不灭。

这种共和制的传统显然与串联城市社会关系的互惠纽带没有任何矛盾。二者不仅不相悖，而且这种高举“家族”旗帜追求个人利益的行为，还促进了公共性的发展，而在担保私人互惠关系正统性的同时，也进一步提升了共和制的理念和名誉情感。例如，15 世纪 70 年代腰缠万贯的银行家乔凡尼·卢彻来在《杂录》中这样描述一掷千金修建自家建筑的行为：“上述所有工程都曾带给我极大的满足和喜悦，而且至今依然如此。因为它们在一定程度上关乎神的名誉和城市的名誉，同时也是对我自己的纪念。”

最后的共和制和它的废除

然而，这次的共和制之路困难重重。萨伏那洛拉派遭到了寡头派和美第奇派的抵抗，而且虽然萨伏那洛拉的威望曾在绝大多数民众支持下扶摇直上，但由于教皇亚历山大六世（1492—1503 年在位）的强烈打压和攻讦，使其威望不断下降，1497 年 5 月，他被教皇开除教籍之后，逐渐失去了民心。最终，1498 年 5 月，萨伏那洛拉在领主广场被处以绞刑并焚尸。而后在 1502 年，皮耶罗二世制定了“终身正义旗手”这一新规并就任国家元首，在希望实行寡头政治的上层市民和盼望实现共和制、期待更多地参与政治的中下层市民之间保持着岌岌可危的平衡。这一政体维持了 10 年。

1494—1512 年的“共和国”，表面上标榜自己是满足民众希望的共和制，实际上却是城市贵族的寡头政治。虽说是表面功夫，但却真心实意地向往着“古典的自由”。其象征就是1501 年，政府委托米开朗琪罗雕刻了《大卫像》（于 1504 年完成）。此外，1503 年在旧宫（韦奇奥宫）的“五百人大厅”，达·芬奇和米开朗琪罗比赛作画，分别绘制了《安吉里之战》和《卡辛纳之战》，描绘的都是佛罗伦萨为保卫自由而战。不过作品还没完成，两位画家就离开了佛罗伦萨。

当法兰西国王查理八世的继任者路易十二要求获得米兰公国的继承权并在 1499 年征服了该地（第二次意大利战争）时，佛罗伦萨坚信同盟国法国会在其重新征服比萨（1509 年成功）的时候鼎力相助，却没有得到任何援助。事态还在恶化，16 世纪初，教皇亚历山大六世的私生子恺撒·博尔吉亚在意大利中部扩张领土的野心，以及西班牙阿拉贡国王斐迪南二世对南意大利的入侵，导致意大利半岛一片混乱。教皇尤利乌斯二世也在 1506 年展开了军事行动。尤利乌斯击败了占据了部分教皇领地的威尼斯，于 1511 年与斐迪南结盟，还与法兰西国王刀兵相向。1512 年法军撤退，佛罗伦萨孤立无援，成为教皇军队和西班牙军队的盘中餐。马基雅维利组建的军队同样不是西班牙军队的对手。

佛罗伦萨于 1512 年 9 月投降，神圣同盟（教皇国、西班牙、神圣罗马帝国、英格兰、瑞士联邦、威尼斯共和国）在曼托瓦召开代表会议，下令推翻共和国政府，并让美第奇家族返回佛罗伦萨，皮耶罗二世出逃。上层市民们满心欢喜。虽然恢复了洛伦佐时代的政体、制度，但共和制只是徒有其表，实质上是听命于美第奇家族的傀儡政权。洛伦佐的次子、曾任红衣主教的乔凡尼设置了常态化的特别委员会操纵这一傀儡政权。在 1500 名西班牙士兵的保护下，乔凡尼于 9 月 14 日回到了家乡。

乔凡尼在 1513 年即位成为教皇利奥十世，任命他的侄子洛伦佐统治佛罗伦萨，1516 年封其为乌尔比诺公爵。这个洛伦佐在 1519 年病死，佛罗伦萨新的统治者是利奥十世的堂兄弟朱利奥——1513 年 4 月任佛罗伦萨大主教，同年 9 月任红衣主教。在此期间，罗马教廷以及站在教廷一方的佛罗伦萨在权力的游戏中任凭法兰西、德意志、西班牙等欧洲列强摆布。

红衣主教朱利奥于 1523 年当选教皇，成为克雷芒七世，但由于他在 1526 年愚蠢地加入了科尼亚克同盟——一个法国对抗西班牙（神圣罗马帝国）的同盟，导致第二年神圣罗马帝国军队上演了“罗马之劫”。趁局面混乱，同年 5 月，佛罗伦萨市民起义恢复了共和制，乌尔比诺公爵的儿子（其实是克雷芒七世的私生子）亚历山德罗·德·美第奇与其主要支持者一同逃走。

然而，1529 年 6 月，教皇克雷芒七世与神圣罗马帝国皇帝查理五世（西班牙国王卡洛斯一世）议和，皇帝掉转枪口之后，佛罗伦萨在10月遭到了数万皇帝军队（西班牙军队）的围攻。他们虽然拼死防守，但迫于饥荒和疫病，于1530年8月投降，反对美第奇家族的共和派市民或是被处以极刑，或是被永久流放，亚历山德罗重新成为统治者。

根据教皇和罗马皇帝的协议，亚历山德罗恢复了美第奇体制。意大利沦为西班牙的附庸，佛罗伦萨也废除了共和制时代的执政团，得到西班牙军事保护的美第奇家族终于撕掉了共和制的外衣——君主制诞生了。

16世纪上半叶，佛罗伦萨打着共和制的幌子，以共和制为典范的城市贵族寡头统治（例如1502—1512年，1527—1530年）和复辟的美第奇家族交替统治（尤其是1512—1527年）。在这种令人眼花缭乱的政体拉锯战时期，对政治形态的讨论更加深入，思想家尼可罗·马基雅维利（1469—1527年）和历史学家弗朗切斯科·圭恰迪尼（1483—1540年）以书记官和使节的身份参与政权，在此期间了解佛罗伦萨真实的政治风貌，深入洞察人性和历史，探寻解决方法。重视“道德即力量”的共和主义者马基雅维利创作出了《君主论》和《论李维罗马史》，注重深思熟虑的贵族保守主义者圭恰迪尼则撰写了《关于佛罗伦萨政府的对话》和《意大利史》。

第五章

教堂、修道院和慈善医院

弗拉·安吉利科《被钉十字架与圣多米尼克》(圣马可修道院)

本章至第七章，将着重介绍文艺复兴时期的文化和信仰百花齐放的背景，以及（文化和信仰）大致形成的场所。首先选取的是教堂、修道院和慈善医院，一同思考作为文艺复兴文化动力源泉之一的基督教信仰，究竟在佛罗伦萨人的精神世界里发挥了怎样的作用。这也揭示了为什么城邦（自治城市）这个组织乍一看似乎与基督教风马牛不相及，其实一直被视为神圣的存在。

支撑城邦的号召力

城邦是神圣的存在，源泉在于中世纪的城市形象和观念。以中世纪早期基督教的观点来看，尘世间的污浊之物莫过于城市。人类深重罪孽的根源——欲望——在城市中盘踞，必须从这虚荣的城市逃离。如果这个世上有救赎之所，那就是人迹罕至的密林深处、荒原和海中孤岛，只有在那里修行的修士才能成为先知，朦胧地感受天国的无上幸福。

不过，城市发展成熟并自治之后的11—12世纪，仿效圣城耶路撒冷逐步确立了修道院和城市功能兼而有之的特性，尤其是在意大利，城市不再单单是政治、经济和文化中心，在宗教领域也成了附近地区的核心，发展为宗教中心。

不仅主教座堂是最早负责城市政治的机构，而且如前文所述，进入13世纪之后，主要的托钵修会接二连三入驻城市，这同样符合佛罗伦萨的实际情况。乡村、森林的灵性逐渐被抽取、凝聚到城市，这些汇集于此的神圣要素被井然有序地分配给了各个修道院、教堂、礼拜堂、圣像和圣物，不仅催生了无数仪典，而且从整体上凸显了城市在其所在地区的核心地位。

而且，佛罗伦萨欠缺能够确保城邦存续的至高权力。欧洲世界的国王皇帝虽身为凡人，却被奉为神明，但由于佛罗伦萨地处偏远，长久以来王权和权威都鞭长莫及。佛罗伦萨何止是享受着皇帝授予的自治特权？它与皇帝针锋相对的情形也不少见。那么对待教皇又如何？佛罗伦萨作为一座亲归尔甫派的城市，本应与教皇往来甚笃，但一如前文提到的“八圣王战争”，围绕领土的统治权，双方的对立冲突时有发生，教皇同样难以依靠。

因此，一旦佛罗伦萨处于危难之际，无论是皇帝还是教皇，都无法给予可靠的至高权威。而且这座托斯卡纳地区的首府，仅有区区十名而且任期仅为两个月的市民代表执政官，直到 16 世纪都从未出现过“君主”。因而城市内部的神圣感越来越踪迹难寻。

于是佛罗伦萨选择了主保圣人和修士。大教堂、洗礼堂、传统修道院、新入驻的托钵修会修道院以及其他教堂，开始日常性地祭拜圣母马利亚和施洗约翰等圣人，祈祷得到他们的庇佑。而在危急时刻，手捧圣物、圣像的宗教队伍会在城内缓步游行，还在城门上雕刻了主保圣人像。

修士的价值还体现在桥梁等公共建筑方面。在佛罗伦萨，严规熙笃隐修会和兄弟会的修士负责城墙建设，他们不仅要利用先进技术指导工程建设，还要从当局那里领取佣金，支付给劳动者。造桥是一项尤为神圣的事业。修士原本就是全欧洲伐林开荒的尖兵，对于开发矿山和建筑工程，他们也驾轻就熟。

修士还活跃在财政管理领域。例如，13 世纪末，他们逐渐开始负责定期征收间接税，还要负责核算、认定俗人制作的财产评估。他们负责监督选出俗人经理进行谷物交易，还与俗人经理一起工作。

另外，修士在对佛罗伦萨政府官员候选人进行身份审查，以及投票、唱票的流程和潜规则中都发挥着不可或缺的作用，甚至城市政府的贵重物品也都交由他们管理。总之，政府的现金、贵重物品、财政及外交记录、市民的纳税记录，以及上一章提到的抽选官员时的选囊等，都保管在修道院教堂（圣十字教堂或新圣母马利亚教堂）圣具室等安全场所，普通人因敬畏神明圣人，不敢贸然行窃。

从上述示例中可以看出，中世纪晚期到文艺复兴时期，佛罗伦萨在建设、政治、财政方面的薄弱环节，都会依赖带有神圣性的神职人员和修士。

此外，修女也发挥着独特的作用。由于战争、财政、家庭变故等，修女们逐渐从农村进入城市，尤其是14世纪上半叶，其数量大为增长。修女们聚集在城门附近或是几条特定的街道上。尤其是起于圣皮尔·马吉奥广场的博尔戈·平蒂街沿线，以及从圣洛伦佐教堂开始，经过圣加洛街（“修道院街”）直至同名城门的地段，这两条轴线的沿线就是修女的一处聚集地。此外还有诸圣教堂周边、吉贝琳娜街、圣皮耶罗·加特里诺门（今罗马门）周边。

坐落在这些街道及岔道的修道院里，居住着数以百计的修女。这片区域之所以形成，一方面是因为地价便宜，可以营建大型菜园；另一方面是因为城门是通向外部世界的出口，是城邦和市民易受外敌和邪恶力量侵袭的脆弱地区。

女子修道院时常发生奇迹，根据修女们创作的圣史剧成为名篇佳作。修女们恪守清规戒律，还虔诚地为佛罗伦萨祈祷，1478年，圣彼得·马尔蒂雷修道院的修女说道：“（她们的祈祷）比两千匹马的价值还要大。”

赘述一言，心灵手巧的修女们还从事纺金线、纺丝、刺绣、制作祭服和书籍等生产工作，这些是佛罗伦萨产业的组成部分。

信仰虔诚的佛罗伦萨人

通过前文介绍，显然从中世纪晚期到文艺复兴时期，佛罗伦萨全体官民都已投身于“城市圣化”的行动之中，不难想象佛罗伦萨的市民们是何等虔诚。15 世纪的佛罗伦萨，全城都充满了宗教的气氛，市民生活在袅袅钟声、郁郁香氛、闪闪烛光、祭坛鲜花以及连祷、游行、祭祀活动之中。不仅官方彰显神性，宗教礼仪比中世纪更加奢华，而且神性也与宗教书籍、圣像 —— 圣母马利亚和婴儿耶稣像 —— 一同进入家庭。

各地教堂每天清晨举行弥撒。除了星期天，约有 40 个祭日，以祭祀不同圣人的教堂为中心举行精致的祭祀礼仪，而且从 13 世纪开始定居于此的托钵修会的声望在文艺复兴时期逐步提升，市民们会成群结队，认真聆听这些传教士的教诲。

13 世纪起，佛罗伦萨沿街屋舍的墙壁开始建造壁龛 —— 主要用来安放圣母马利亚的雕像，其数量之多不可胜数，作用是维护正统信仰，杜绝异端蔓延，还可以驱魔。人们可以在屋里屋外随时随地向圣母马利亚祈祷，其中具有代表性的是圣母领报教堂和圣弥额尔教堂。两座教堂的马利亚祭坛上堆放了大量银制、蜡制的祭品。还有几座教堂和礼拜堂也供奉马利亚，每天前来供奉蜡烛的人络绎不绝。

在第七章介绍“领主广场”时，我想要论述佛罗伦萨城市规划当中的男性特征，但这种官方的、政治性的男性化，与存在于宗教层面乃至私人空间里的这种马利亚无处不在的女性强势的特点并不矛盾。或许就是这种反差让文艺复兴时期的佛罗伦萨成了“同性爱之城”。

姑且不论佛罗伦萨这座城市是男性化还是女性化，与禁欲、厌世的中世纪相比，文艺复兴时期的社会明显侧重于享乐主义。然而每个人都把成为一名优秀的基督徒当作自己的使命。后文还会详述，市民们源源不断地加入兄弟会，不计其数的市民捐助教堂和修道院，热心投入慈善事业。大限将至的时候，大家都会忏悔，并写下遗书——遗书包括家人遗产分配等内容，还会把遗产捐赠给宗教设施（教堂、修道院）和慈善机构（兄弟会、慈善医院），市民们会恳请对方举行弥撒作为回报，为自己的灵魂祈祷，其要求甚至会细化到需要点燃多少蜡烛和灯。

母亲们会给自己的小孩讲授“天使祝词”“主祷文”“米泽里厄里”，还会把孩子带去教堂，让他们学习宗教知识。留存下来的商人们的备忘录、日记当中，写满了祈祷、思考和信仰虔诚的激励话语，他们的宗教信仰可见一斑。

例如，根据经营丝绸的商人格雷格里奥·达迪的日记《秘密之书》记载，15 世纪初，格雷格里奥深刻忏悔自身的罪孽，祈求神灵和基督保佑，在教会规定的祭日坚决不营业，而且决心往后的每周五都要保持肉体的纯净，如有懈怠，则每次向穷人布施 20

索尔多[1]，并且吟诵20遍主祷文和天使祝词。

权贵家族对教会的赞助和家族礼拜堂

中世纪晚期至文艺复兴时期，信仰虔诚的佛罗伦萨人热衷于用自己的财产建立宗教性质的互惠关系。他们认为，向公共建筑以及这些建筑附带的绘画、雕塑慷慨解囊，可以实现自己和家族的荣光。

图5-1 圣洛伦佐教堂正厅

大教堂、洗礼堂或者托钵修会的教堂都是公共建筑，但其中的大部分都得到了豪门的赞助，这些家族以“礼拜堂”的形式将公共建筑的一部分据为己有，以此彰显家族显赫的来历。

首先来看一看美第奇家族领衔的权贵家族对教堂的赞助。圣洛伦佐教堂原本是一座罗马式建筑，1419年，美第奇家族委托布鲁内莱斯基对其进行了改造，最终其内部形成了佛罗伦萨文艺复兴时期

1 12—18世纪的一种意大利银币，于12世纪末由皇帝亨利六世在米兰首次发行。——译者注

的典型风格，为后续教堂建筑提供了样板。后来，这座教堂逐渐成为美第奇家族的菩提寺。

另一座与美第奇家族密不可分的建筑是圣马可修道院。这里曾有一座本笃会希尔维斯特罗派的修道院，1436 年归苦修派多明我会所有，并重新建造了教堂。当时住在附近的美第奇家族的老科西莫为了公开自己对放高利贷的罪孽表示忏悔，主动承担了改建和扩建的工程费。他任用米开罗佐·迪·巴尔托洛梅奥（1396—1472 年）为建设总指挥，工程一直持续到 1451 年。这座修道院也因弗拉·安吉利科曾于 1436—1443 年在这里绘制了大量壁画而广为人知。

美第奇家族第三大资金赞助是圣母领报教堂。为了在其内部放置显示神迹的马利亚雕像，1448 年，由米开罗佐雕刻制作了一座巨大的圣坛，下令提供资金的人就是痛风者皮耶罗。这座圣坛由四根科林斯式的圆柱和它们所支撑的柱顶线盘（立柱支撑的水平部分，包括横纹飞檐、雕带、过梁等）构成，由精雕细琢的大理石和精妙绝伦的金属工艺品组合而成。这座建筑及教堂内部照明用的 30 盏银灯，一并彰显了美第奇家族的财力和名誉。

不只是美第奇家族，其他权贵家族为了振兴名誉，同样在教堂中占据私有的礼拜堂。这么做也是为了通过赞助教堂的装饰壁画，捐赠圣具、典礼抄本、蜡烛等，从炼狱之中拯救先祖的灵魂，减轻他们的劫难。这些家族喜欢在存在感较高的托钵修会教堂挑选家族礼拜堂。其中首屈一指的教堂便是方济各会的圣十字教堂。

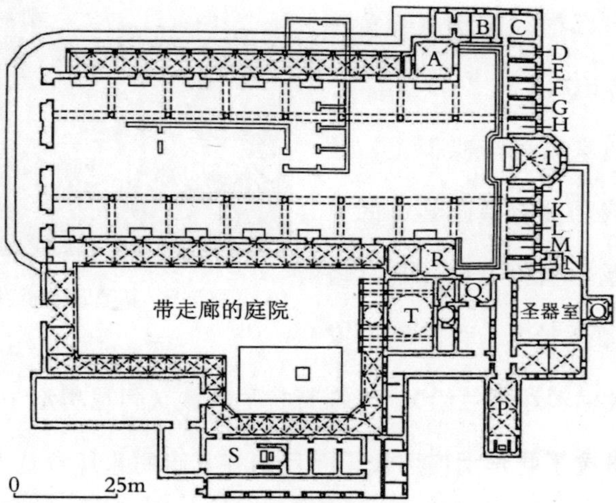

A 萨尔维亚第（Salviati）家族　B 巴尔迪家族　C 尼克里尼（Niccolini）家族　D 巴尔迪家族　E 浦尔契（Pulci）家族和贝拉尔迪（Berardi）家族　F 瑞卡梭利（Ricasoli）家族　G 卡普尼家族　H 托辛西（Tosinghi）家族和斯皮内利（Spinelli）家族　I 设有主祭坛的礼拜堂　J 巴尔迪家族　K 佩鲁齐家族　L 朱尼（Giugni）家族　M 卡佩里尼（Cardellini）家族　N 韦卢蒂（Velluti）家族　O 里鲁契尼（Rinuccini）家族　P 美第奇家族　Q 贝伦赛丽家族　R 卡斯特拉尼（Castellania）家族　S 卡尼吉亚尼（Canigiani）家族（今艺术展厅）　T 帕齐家族

图5-2　圣十字教堂平面图（家族礼拜堂的位置）

首先，14 世纪上半叶具有影响力且献身于圣方济各的名门望族——巴尔迪和佩鲁齐家族占用了这座教堂。为了装饰礼拜堂，两个家族都请来了当时最伟大的画家乔托。1320—1325 年，巴尔迪家族从圣方济各的传记挑选主题，佩鲁齐家族则从施洗约翰和福音书作者圣约翰的传记中选择了主题。随后巴尔迪家族在翼廊左侧的礼拜堂增加了玛索·迪·巴柯绘制的《圣希尔维斯特传记》。

图5-3 新圣母马利亚教堂

其他家族也一哄而上，这座教堂成了拥有壁画装饰的家族礼拜堂。贝伦赛丽家族（塔德奥·加迪绘）、里鲁契尼家族（乔凡尼·达米兰绘）、卡斯特拉尼家族（阿尼奥洛·加迪绘）等纷纷掌握了礼拜堂使用权。而且帕齐家族的礼拜堂是由布鲁内莱斯基（一说是朱利亚诺·达·马阿诺）设计，完成于其死后的1459年，但因为圣十字教堂内部空间不足，因此该礼拜堂修建在面向外部修道院回廊的位置上。

于是，这座教堂成了诸多名门望族表达信仰情结的储藏室，一眼望去，从13世纪下半叶奇马布埃的《受难》到15世纪下半叶佛罗伦萨的艺术，尽收眼底。

另一处灵性的中心——新圣母马利亚教堂同样得到了巴尔迪、卢彻来、斯特罗齐、卡瓦尔坎蒂等家族的赞助，这些家族也在这儿建造了家族礼拜堂。此外，也不能忽视对这座教堂美化外观的赞助。作为文艺复兴时期佛罗伦萨代表性的富豪，乔凡尼·卢彻来表现出的慷慨程度不逊于美第奇家族，15 世纪 50 年代后期，他斥资翻修了这座位于自己所在的四分区的教堂，最终由莱昂·巴蒂斯塔·阿尔伯蒂（1404—1472 年）设计建造了协调而富于美感的主立面。

与美第奇家族占领的圣洛伦佐地区权贵家族存在竞争关系的奥特拉诺圣灵教堂地区的各个家族，则在 1434 年建造新的教堂（圣灵教堂），取代了从前的小教区教堂。40 个家族均摊费用修建了家族礼拜堂群（兼有墓园），这些礼拜堂与主祭坛的距离均相同。

设置家族礼拜堂的家族出资赞助教堂内部装饰的潮流，并不限于这些大修道院的教堂。名门望族委托才华横溢的画家在其他数量众多的小教区教堂、修道院、祈祷堂等市内、郊外的教堂作画，并将这些作品与自己家族的名号相关联。这一潮流始于 13 世纪，在 14 世纪下半叶至 15 世纪蓬勃发展。这与私人互惠关系取代城市当局和行会而成为主流互惠关系的发展脉络如出一辙。

慈善事业的历史

从家族大张旗鼓地赞助教堂、修道院这点可以看出，13 世纪以后佛罗伦萨的主要建筑设施兼具公共性和私人性，在这里，我们不能遗漏慈善机构。

图5-4　碧加洛凉廊

欧洲最古老的世俗慈善机构是兄弟会创立的“仁慈大兄弟会”。仁慈大兄弟会身着黑衣头戴黑头巾的兄弟们会主动将贫穷的病患接到自己家中照料，或是陪护被送往慈善医院的病人。14世纪50年代，他们建造碧加洛凉廊（参考第六章）暂时收留城市里走失的和被遗弃的孩子，直到找到孩子的父母或监护人。1363年，他们用对出言不逊、亵渎神灵之人的罚款制作网笼，将病人送往慈善医院。1425年，仁慈大兄弟会与另一个“碧加洛兄弟会”合并——这个兄弟会从13世纪开始管理市内的慈善医院，主要负责孤儿院的工作。

名气更大的是圣马利亚诺瓦慈善医院（位于佛罗伦萨市中心的一家医院的前身）。1285年，一位名叫法尔科·波尔蒂纳里的富商提供了私人土地，建造了这座医院，并于1288年投入使用。医药行会的成员每天都会登门，毛织行会也给予了赞助。这座医院获得了大批捐赠和遗赠，还收编了散布在托斯卡纳地区的小教堂。建筑内部有卢卡·德拉·罗比亚和米开罗佐的陶塑作品。

圣加洛医院靠近同名城门，属于最早的一批慈善医院，由一个名叫圭达洛特·迪波尔特·达洛克的人和其妻子为了照料穷人和朝圣者，在13世纪初建造而成。之后该医院扩大了规模，也收留被遗弃的孩子。金融行会、丝绸行会、毛织行会三家行会赞助了这家医院。1306年，圣马利亚·德拉·斯卡拉医院也是在木材商乔尼·迪拉波·波利尼的私人捐赠下建成的，收容穷困潦倒的朝圣者、病人、产妇和被遗弃的孩子。鞋匠行会承担这座医院的运营管理。

14—15世纪，行会对慈善医院建设、运营的赞助愈发踊跃，而这种赞助往往是个人赞助的接力。建于1376年的博尼法西奥医院最早的一笔赞助来自雇佣兵队长博尼法西奥·卢比的遗赠，而后由毛织行会继续赞助。圣马提奥医院同样是由银行家莱蒙·巴尔杜齐开工建设，而后由金融行会接手。司法及公证人行会从方济各会隶下集体生活的虔诚俗人那儿接管了圣保罗医院，并从1403年开始给予援助。下一节将要介绍的孤儿院就由普拉托商人弗朗切斯科·迪马尔科·达迪尼捐助大量资金，再加上丝绸行会的赞助，于1419年开工建造。

佛罗伦萨人为越来越多身处悲惨境遇的人感到忧虑，在他们看来，这事关城市的名誉，希望能够建立布施和救济的秩序。特别是鼠疫来袭时，城中病患和死者尸横遍地，佛罗伦萨人认为城市里的穷人、病患应该比朝圣者优先得到照顾，于是建造了多家医院。

从13世纪开始，行会始终支持慈善医院，15世纪，除了大行会，小行会和兄弟会也加入其中，参与到一些规模较小的医院的运营管理之中。这种集体援助延续的往往是富商和贵族的提议，在施以援手之后，中下层的市民也可以用捐赠或协助工作的形式参与到该慈善圈之中。较之于对教堂、修道院的赞助，这种医院赞助关系似乎更加民主，对全体市民也有着更强的号召力。

不过还要注意到，与此同时，同这种慈善事业主体世俗化、分散化的倾向背道而驰的潮流也在不断增强。14世纪中叶至15世纪，城市当局加强了对慈善的直接管控。因为多家早先深受信赖的代表性慈善机构最终被曝出从事不动产投机、管理不善、机构负责人挪用公款、擅自交易、向友人放贷或给予特权等丑闻，引爆了捐赠、遗赠的市民的不满情绪。于是当局介入，制定了工作人员选举法。1419年，所有兄弟会禁止在未经政府特批的情况下从事慈善活动，并且被禁止参与政治活动。15世纪，城邦当局全盘接管了慈善事业。

孤儿院和奥尔贝泰洛

那个时代死亡率很高，人们的平均寿命仅为35岁，为了家族的存续和发展，人们都指望娶进门的女人能够多生孩子。从商人家的记录中，主要希望由母亲承担起教育孩子的重任，其心情可见一斑。实际上很多家庭都人丁兴旺，生下十多个孩子的妻子比比皆是。一个名叫安东尼奥·马基的炊具工匠的妻子凯卡于1459年去世，时年57岁，她一生生下的孩子多达36个。而在流传至今的商人们的备忘录和笔记之中，有些倾吐了他们对孩子的绵绵爱意，有很多已经有了亲生孩子的人还收养了养子，他们希望家庭更加热闹兴旺，并且把这当作一种美德。

尤其是15世纪后，宠爱、教育孩子成了一个明显倾向。人们更加崇拜婴儿耶稣，道德家们关于儿童教育论的兴起，以及大受欢迎的幼年耶稣和圣人姿态小天使人偶等，也都证明了这一倾向。

然而另一方面，遗弃、杀害孩子的陋习也传承了下来。私生子——主人与女奴隶、婢女发生关系生下的孩子，神职人员、修士、修女的孩子等，以及母亲再婚而孩子无法带走，还有极度的贫穷和严重的疾病，父母当中的一位或双双去世等，都会造成遗弃和杀子。因此从13世纪末到16世纪初，佛罗伦萨建立了面向孩童的机构。然而起初并不是专门的孤儿院，而是前文那种综合性的慈善机构，是一种既收留穷人、病人，也收留被遗弃的孩子、孤儿的混合形态。后来为了适应时代需要，设立了更加专业化的机构，并于1445年开设佛罗伦萨孤儿院。

这座孤儿院很快就成了佛罗伦萨及其领域内的儿童福祉中心。它没有采用其他城市那种旋转弃婴箱，而是在凉廊的北侧设计了小格子窗，敲响窗户旁边的钟，然后就能悄悄地把孩子从这个窗户放进去。孤儿院开设之初收容了60个孩子，1466年，孤儿院内大约有100个孩子，孤儿院外由农村乳母养育的孩子约有四五十人。此后孩子的数量持续增加（截至1483年年底，收容的孩子多达346人）。

佛罗伦萨城邦不愿看到越来越多的杀子和弃婴。不论是作为普通市民还是基督徒，有如此行径的父母都是恶毒的典型，而且被这样遗弃的孩子无法受洗，也就无法去往天国。因此，为了捍卫至高无上的共和国、捍卫自由的根基，必须设立真正意义上的孤儿院，还要为那些被遗弃的孩子祈祷，祈祷他们纯洁无垢，这样佛罗伦萨共和国就能获得神的慈爱，不断发展壮大。当然，既要看到这关乎城市的名誉和安宁，也不能忽视它对家族名誉和凝聚力的影响。因为一个意外来临的孩子可能会摧毁整个家族，引发祸患。

这个设施也印上了“家庭印记”。最先抚养这些弃婴的乡下乳母扮演着母亲的角色，而孤儿院自身以及城市国家则代行父亲之职。孤儿院的建筑是布鲁内莱斯基设计的文艺复兴时期的代表性建筑（参考第七章及第八章），而建筑物正面修建了常见于同时代城市贵族府宅的凉廊，它成为这个设施的员工、乳母、孩子，乃至全体资助孤儿院的市民（代表城邦当局）组建模拟大家庭的证明。内部有弃婴室、寝室、教堂、办事处、药房、食堂、护士房，各项设施一应俱全。

同样是为了守护“家族”，保证“城市”的名誉，14 世纪后半叶佛罗伦萨又设立了一处新的慈善设施。这是一座为贫苦遗孀和被抛弃的妻子设立的医院，被称作“Orbatello”，由阿尔伯蒂家族的尼克罗·迪·雅克布在佛罗伦萨城市的东北部，圣乔凡尼四分区的核心旗区——圣皮尔·马焦雷小教区开始建设，他死后，该医院在他的儿子安托尼奥时代（1377—1378 年）建成。

在这个医院，遗孀可以与她的孩子们一起生活，而且它不是修道院和教堂的附属设施，完全是一座世俗性质的医院，可以让大批非教徒女性在里面共同生活，这是一项创举。女舍监负责照料以母亲为核心的家庭，加深母子家庭的连带感。“Orbatello”无疑是一座由女性打理、为女性服务的医院。

可是这里同样不可抗拒地走上了集中管理的道路，1400 年，安托尼奥因涉嫌参与阴谋被驱逐出佛罗伦萨，之后这座医院被城邦交由归尔甫党管理。归尔甫党会为长大成人、因结婚而需要离开医院的年轻女子提供嫁妆，男孩则必须在达到会对女性产生非分之想的年龄之前离开这里。1511 年，设施内的人口为 203 人，1522 年达到最高峰 259 人，1562 年为 178 人，在 18 世纪之前，它都发挥了重要作用。无论如何，这座设施在挽救城市名誉的同时也挽救了家族的名誉。

兄弟会

兄弟会是非教徒基于教会当局的认可，以对同一位圣人的崇敬感情为中轴而相互聚集，围绕供奉祭奠逝者、相互扶助以及慈善事业而开展活动的团体。佛罗伦萨的兄弟会在托钵修会的影响下，于 13 世纪中叶正式起步，兼顾对抗异端，14—16 世纪实现大发展，数以万计的市民都至少加入了一个兄弟会。它是文艺复兴时期社会关系的代表性团体。到了 1785 年，时任托斯卡纳大公的彼得罗·莱奥波尔多废除兄弟会，此时市内的兄弟会已经超过了 250 个。

兄弟会种类颇多，千差万别。第一类是成立于 13 世纪 70 年代的“劳达兄弟会”。他们不仅会进行晚祷，还会在节日时参加典礼仪式。劳达的主要任务是用世俗语言歌颂圣母马利亚等圣人，在所属各地区的教堂表演宗教历史剧。13 世纪末至 15 世纪末，他们积极地在佛罗伦萨开展活动，他们 —— 也包括一些征得父亲或丈夫同意而加入的女性 —— 致力于慈善活动，定期向穷苦百姓发放面包和谷物。

劳达兄弟会附属于各个教堂。主要有附属圣母百花大教堂的圣扎诺比兄弟会，附属新圣母马利亚教堂的圣彼得马尔蒂雷兄弟会，附属卡尔米内圣母教堂的圣阿涅斯兄弟会，附属圣弥额尔教堂的圣米迦勒兄弟会。尤其是圣米迦勒兄弟会大名鼎鼎，1320 年前后会员多达 3000 人。

第二类是实行鞭笞修行的“鞭笞苦行兄弟会”。这一兄弟会起源于 1260 年发生在翁布里亚地区佩鲁贾的鞭笞苦行团运动，并迅速向四处扩展。他们自我鞭笞，模仿基督受难，目的是通过承受这种痛苦来减轻炼狱的惩罚。在黑暗处或地窖中进行鞭笞，盖着秸秆过夜的“暗夜兄弟会”和“地窖兄弟会”也属于这一类。相对于与广大市民交流灵性的、平民化的劳达兄弟会，这一类兄弟会更具精英主义色彩。

第三类兄弟会与前文介绍过的仁慈大兄弟会和具有慈善性质的碧加洛兄弟会类似，其任务包括救济贫民、募捐布施、遗产分配，等等。1410 年创立的慈悲圣母兄弟会最负盛名，他们每周末向穷人布施面包和红酒，十分活跃。劳达兄弟会也兼有此类任务，圣米迦勒兄弟会就是范例之一。

此外还有第四类团体，那便是佛罗伦萨固有的青少年兄弟会。青少年兄弟会出现于13世纪末，以1411年金匠创立的天使长拉斐尔兄弟会（以及基督降生兄弟会）为嚆矢，15世纪期间数量激增，到了15世纪90年代，共有“福音书作者圣约翰兄弟会”“木桩圣尼科洛兄弟会”“圣母马利亚无垢兄弟会”等12个类似团体。准入年龄为13岁至24岁，1442年前后，分成了低龄（小于19岁）和高龄两个分部。

青少年兄弟会在两名大人的监督下，与成人的兄弟会一样，进行弥撒、告解、祈祷以及其他宗教礼仪，在神性修行的同时，还引入了游戏的要素。青少年加入兄弟会还有一定的教育意义，可以避免他们胡作非为、扰乱秩序，确保各个领域井然有序。在佛罗伦萨，这个青少年兄弟会最重要的任务就是筹备节日和排练表演戏剧。

第六章

宫殿和庄园

鲁切拉宫（Palazzo Rucellai）

前文关注了支撑文艺复兴时期社会和文化的两大因素，“基督教”和“家族”。不过追根溯源，文艺复兴被视为异教文明——古希腊、罗马的再现，是对世俗价值观的解放。既然如此，这些研究自然不可或缺。然而有趣的是，“家族”一如既往地在其中发挥着助推作用。下面我们先来探究一下新建造的世俗建筑，从中审度这一作用，而后一窥世俗文学、思想的缔造者和体验者。

美化宫殿

“宫殿”是文艺复兴时期佛罗伦萨让人刮目相看的新建筑。贵族巨贾等名门望族不惜倾尽整个家族的名誉和威信，在各个地区建造地标般宏伟建筑的趋势可以追溯到中世纪鼎盛时期。但从13世纪末开始，从事国际贸易和银行业，掌握经济和政治实力的新精英集团希望居所更有品位，能够与新的时代相符合。也就是摒弃曾经以塔楼为标志的“塔形建筑”样式，开始临街建造室外空间十分开阔的“宫殿”类型的府宅（早期宫殿包括弗雷斯科巴尔迪、莫齐、史派尼、佩鲁齐、德·本博、鲁杰里尼等家族宫殿）。

而后在14世纪期间，逐渐形成了底层部分由石块堆砌而成，表面凸起、具有装饰作用的外墙，石墙上设置联排拱门（小的拱形开口）的宫殿定式。时至今日，在1330年前后建造的达万扎蒂宫（原名达维齐宫）依然能够看到这种定式。

因为在建造时原封不动地延续了中世纪普通住宅的户型，所以类似达万扎蒂宫的早期宫殿仍然保持着高耸瘦削的造型。正面开间 4～6 米，进深 10～15 米，户型狭窄。建筑多为 3～4 层，底层为商铺或仓库，二层设有被称为“piano nobile”的主厅等大房间，可用于招待来客。

图6-1　达万扎蒂宫（中部内侧）

不过进入 15 世纪后，强调平衡性的建筑，也就是大开间的宫殿成了主流。因此也必须收购土地。这 100 年间，多达 100 座宫殿拔地而起或得到翻修，而且比从前更加宏伟壮丽。其基本形制是拱廊环绕中庭构成的二三层的正方形。其底层（和二层）为强石等岩石，顶层为更加质密的石材所造，不过底层为石制、顶层铺设砖瓦（和装饰灰泥）的组合也得到了普及。巨大的齿状飞檐由上至下让建筑更加紧凑，同时也强调了建筑的平衡性。

从 15 世纪中叶至后叶，文艺复兴时期佛罗伦萨世俗建筑的代表性宫殿渐次落成。首先值得关注的就是坐落于拉鲁加街（今加富尔街）的美第奇宫（今美第奇 - 皮卡尔迪宫），1444 年由老科西莫授命米开罗佐建造，于1460年建成。其作为第一座完全用石材建造的宫殿，极具纪念意义。

图6-2 美第奇-皮卡尔迪宫中庭

美第奇宫共有三层，第一层是粗加工的石墙（镶嵌了粗面石），门都用结构强劲的拱形镶边。楼层越高，主立面外部的石材布置就越平滑。小型飞檐将楼层分隔开来，檐上是精致的对开窗，并且保留了半圆拱形、环绕其开口部的装饰以及压制的拱楔石等古典要素。此外还淘汰了带有炮眼的胸墙，取而代之的是附带着齿状、蛋形装饰、方格、玫瑰形装饰、竖沟等装饰的古典飞檐。主立面等各个部分完全遵循规格尺寸，比例关系十分有序。这座优雅考究的文艺复兴建筑具有划时代的意义，成了后世宫殿的楷模。

鲁切拉宫（本章开篇页）较之于美第奇宫更胜一筹。15世纪40年代，富商乔万尼·鲁切莱为了家族荣誉，斥以巨资，筹划在新维尼亚路重建一座宫殿，受鲁切莱委托，阿尔贝蒂于1446年进行设计，贝尔纳多·罗塞里诺（1409—1464年）作为实际建造者亲临现场指挥，1451年建造完毕。这座建筑主立面的造型复刻了美第奇宫，同样是三层，楼层之间有飞檐，飞檐托举着上方的对开窗。不过装饰的并不是粗面石，全部都是光滑的石面，虽然对于宫殿而言规模较小，但是与外表装饰粗大坚固的美第奇宫相比，要优美得多。它也是最先同时使用多利亚（一层）、爱奥尼亚（二层）、科林斯（三层）等三种风格的宫殿。

图6-3 斯特罗齐宫

著名宫殿不止于此。1456—1458年美第奇宫建成前后，布匹大亨卢卡·皮蒂开始建造宫殿。卢卡·万切利以布鲁内莱斯基的设计为蓝本指挥建造。从皮蒂宫（参见扉页插图）后来扩建的部分可以看出，这座宽54米、高36米的巨大三层立方体建筑，虽然规模远大于美第奇宫，但形制设计上依然是对美第奇宫的模仿。

另一座是邻近鲁切拉宫，但要比鲁切拉宫大两围的斯特罗齐宫，这座宫殿是受在那不勒斯发家致富的银行家菲利普·斯特罗齐的委托，由贝内德托·达·米札诺设计，1489年开工建造，1504年基本竣工。同样是高三层的文艺复兴样式，结构比例参照了美第奇宫。但其独到之处在于从一层至三层，外立面完全被凸起的装饰性石墙所覆盖，给人些许要塞般的古香古色之感。此外设计图横向、纵向都是一丝不苟的对称设计，尤为规整。在其中心线上——三个方向的外立面——均设有顶部冠以圆筒状拱顶（日式鱼糕形状的天花板）的出入口。

宫殿风格，尤其是气势恢宏的宫殿，标榜着身为统治阶级的家族的威望，随处可见的装饰纹章则将这种威望娓娓道来。与此同时，这些家族也自我标榜为波波洛（平民）的代表，在建筑风格上时刻留意，要与封建领主配备了塔楼的傲慢的要塞风格建筑划清界限。临街也很重要，精益求精的几何学形态和装饰也与城市整体的美化规划相映成趣。

此外，这些宫殿附带的凉廊不仅展现了公共空间的开放性，也表达了家族荣誉与城市荣誉的水乳交融。上至中世纪时期，凉廊大多面对公共广场而建，相当于“集会场所”，用于举办官方活动、会议、雇佣兵集结以及名门望族举行聚会，等等。佛罗伦萨最具代表性的就是建于1376—1382年，位于领主广场的兰奇长廊。

图6-4 兰奇长廊

这些拱廊风格建筑之中，最

令人瞩目的连绵往复的拱形结构被称作柱廊。临街连缀的拱廊、修道院中庭的回廊，以及在建筑物主立面修建的玄关门廊均可以称为“柱廊”，因而与“凉廊”并没有太明显的差别。

公共凉廊的风潮转瞬即逝，隐私空间越发得到重视，美第奇宫——起初这座宫殿的一个位于两条马路交叉口的拐角建有一条向外开敞的凉廊——和斯特罗齐宫那样的中庭凉廊（回廊样式）被淘汰（15世纪60年代独立修建在宫殿对面的鲁切莱家族的凉廊除外）。不过，到了15世纪末，面向街道和广场的开放式凉廊又重新出现在大批宫殿的顶层和屋顶露台，譬如朱利亚诺·达·桑迦洛设计的贡蒂宫，奥特拉诺的瓜达尼宫（原黛伊宫）屋顶露台，以及16世纪增建的达万扎蒂宫，等等。

就这样从15世纪前叶至后叶，宫殿林立，城市为之面貌一新，这是继13世纪末阿诺尔夫·迪坎比奥时代之后的巨大变化。文艺复兴时期建筑艺术最重要的格局已然形成。

庄园里的生活和美丽的庭院

能够与城市内大户人家建造的宫殿相媲美，同样也可以被称为文艺复兴建筑艺术之精华的还有15世纪至16世纪城郊农村地区雨后春笋一般建起的庄园和庄园里的庭院。

身为农村领主的贵族们修建领主府邸，最初目的是监视隶下农民，改变乡下环境。在周边农村地区，这些领主府邸（据史料记载，中世纪前期称作 corte/curtis，中世纪后期称作 palagio）星星点点。13 世纪之后，伴随着时代发展，领主府邸的数量与日俱增。这是因为城市里的中上层市民——富商、医生、法律人士——开始将农村的土地视为稳定可靠的投资对象。

领主府邸兼有领主别墅和作物堆场的作用，有时还会附设佃户家庭所居住的房屋。这种情况多见于佛罗伦萨所控制的疆域南部。其中规模宏大的领主府邸称作“villa”（庄园）。早在 14 世纪前叶，《编年史》的作者乔凡尼·维拉尼就曾这样描述在农村地区抢购土地建造庄园的市民形象：

> 在距离市内十万八千里的农村地区，平民和城市贵族，要不就是已经建造了气派的建筑，要不就是正要建造。所有人都失去了理智，癫狂似的一掷千金。诚然，壮丽如斯的建筑值得一睹其风采，或许在不了解佛罗伦萨的外国人看来，这些位于市外三英里处鳞次栉比、金碧辉煌的建筑物和美丽的宫殿，无不与罗马风格的城市相映生辉……

（《编年史》第十二卷第九十四章）

后来到了15世纪末，建造庄园已经彻底成了佛罗伦萨上流社会的固定风俗，定期前往庄园，或是日常工作后的消遣，或是为了视察所拥有的土地上种植或生产的橄榄油、小麦、葡萄酒。尤其是圣诞节、复活节或盛夏时节，临时迁居到庄园的人络绎不绝。

那么，从建筑样式方面来说，庄园具有怎样的特征呢？领主府邸原本的作用在于防守、避难，以期保卫领地，因而近似于要塞，但是14世纪后新建的都是一座小型塔楼踞于正中央位置的宅邸。也就是说塔楼虽然存在，其意义却微乎其微，宅邸主体则沿着水平方向大幅扩展，后期的一些宅邸还在位于建筑中央的中庭建造了柱廊。

从美第奇家族的诸多庄园中，能找到更加符合文艺复兴的典型代表。美第奇家族对庄园情有独钟，频频前往郊外的庄园消遣疗养。据记载，老科西莫的孙辈、伟大的洛伦佐和朱利亚诺两兄弟热衷于在庄园狩猎。美第奇家族最古老的庄园是卡法吉奥罗庄园和特莱比奥庄园（二者均位于佛罗伦萨以北约两公里处），均建于老科西莫时代。科西莫将这些建筑工程交给了米开罗佐。米开罗佐在建造过程中保留了塔楼、炮眼、兵道等军事要素，但也在工程中弱化陈旧的要素，还加入了窗扉、凉廊、柱廊（柱廊式玄关）、纹章、钟表，等等。

佛罗伦萨并不能让洛伦佐满足，他还钟情于在庄园里过遗世独立的生活。他几乎从未在市区修造建筑，却对建设庄园热情高涨。他在1474年从乔万尼·鲁切莱手中购得波焦阿卡伊阿诺庄园（佛罗伦萨以西约两公里），委托朱利亚诺·达·桑迦洛进行改建。庄园于1520年前后竣工，当时洛伦佐已经离世。

原本四边形硬朗的建筑物增添了给人以感官刺激的半圆形台阶和二层部分的柱廊，边缘镶嵌了如希腊神殿般的山墙。中庭改建为向外开敞的、广阔的中央大厅。朝向四周景观的宽大的窗户和基座的凉廊遍布整座庄园，整个设计不但整齐划一，还与周围的自然风光融为一体。这座庄园已经完全跳脱出了要塞模式的领主府邸，影响力极为深远。

不仅限于美第奇家族，15世纪末，为了提高建筑物的格调，大量采用古典风格建筑要素成为一种流行风尚。这些要素包括圆柱、半圆柱、壁柱、半圆拱、大台阶、栏杆等，而灿烂的阳光透过巨大的玻璃窗所形成的良好的采光性，也是新庄园的特征之一。面对自然胜景大开门户，或者应该说是与之水乳交融，与这片大自然缔结了安定祥和的关系的人们心生慰藉，怡然自乐。重新发掘古希腊、罗马文化的意义也在这儿得到了彰显。

不过需要注意的是，与庄园相关联的“自然”绝非原生态的自然，而是经“人工”之手进行彻底改造后的自然。花草树木被修剪为几何形态，水的流向同样经过了计算。此外，这种自然，特别在佛罗伦萨周边形成了人文主义传统的根基，人文主义者们在能够瞻仰缪斯女神，在宁芙和萨蒂尔间奔跑跳跃，在具有神话色彩的时间潺潺流淌的庭院里畅所欲言、各抒己见，将赫尔墨斯主义和新柏拉图主义等异教与基督教的灵感融为一体。

人文主义和佛罗伦萨大学

人文主义者的活动得到了美第奇家族的庇护，伟大的洛伦佐亲自与人文主义者共度自由时光。15 世纪后叶，新柏拉图主义异彩纷呈的哲学性人文主义在美第奇家族的庄园里蓬勃发展。

但是不能忘记，在此之前，佛罗伦萨曾有另外一种辉煌的人文主义。这种在 14 世纪末至 15 世纪前叶活跃在佛罗伦萨的人文主义，便是从纳粹德国流亡至美国的学者汉斯·巴伦所说的“公民人文主义”。这种人文主义可以追溯到 11 世纪以来对抗皇权的日耳曼主义传统，但得名却是在 14 世纪后叶。佛罗伦萨与教皇格列高利十一世进行的八圣王战争（1375—1378 年）以及与米兰公爵吉安·加莱亚佐·维斯孔蒂之间爆发战争（1390—1402 年）期间，市民阶层爱国热情高涨，在这种氛围中，人文主义的主要思想观念几度浮沉。这一时期的政治危机彻底改变了人文主义的性质，使之成为一种弘扬共和国公民责任义务的思想观念。

担任国务秘书的人文主义者一马当先，成为宣传佛罗伦萨自由主义和公民在法律面前人人平等的斗士，先后涌现出科卢乔·萨卢塔蒂、莱奥纳多·布鲁尼、卡罗·马苏匹尼、波焦·布拉乔利尼、贝内德托·阿科尔蒂等人。他们都是具有最高水平古典素养的人文主义者，通过撰文和讲演传承罗马共和政体和其所包含的自由、正义、公共善的理想，向国内外宣扬反抗暴君的“共和制佛罗伦萨”，这不仅仅是为了他们个人，也是为了整个意大利。

14 世纪末至 15 世纪前叶，对古典文化的尊崇以及古典文化修养已经从这些人文主义者推广到了普通市民之中。人文主义则成了佛罗伦萨主要的教育、文化运动，冲击着陈规陋习。正是因为将政治机制、市民生活和古典古代的理想融为一体的公民人文主义备受重视，才得以掀起如此潮流。也有一种与巴伦的学说相左的研究倾向认为，佛罗伦萨与米兰的鏖战所唤起的人文主义者对自由共和政体的拥护、市民的道德觉醒和参与，只不过是一种为了掩盖以公会为根基的共和制向美第奇派主导的城市贵族寡头共和制的演变，以及领域国家形成后的帝国主义野心的一种意识形态领域的说辞，充其量是一种毫无新意的诡辩。不过说辞和诡辩也具有一定的现实意义。

多位世家的后人 —— 例如帕拉·斯特罗齐、阿尼奥洛·潘多尔菲尼、安吉洛·科尔比内利和安东尼奥·科尔比内利兄弟，或是美第奇家族的户主们——即便自己不是古典研究专家，至少小时候也跟随家庭教师（或在专门教授古典文学的学校）学习过拉丁语和拉丁文学。15 世纪，古典文化学习潮流盛极一时，贵族子弟阅读西塞罗、李维、维吉尔的作品，效仿古代人使用拉丁语往来通信。佛罗伦萨的精英群体不仅陶醉于拉丁语的优雅格调和道德教诲，而且这种教养对于教会和世俗工作同样有所裨益。

在佛罗伦萨，初等教育以上的其他教育会聘请家庭教师讲授，不然就是在人文主义者的私塾或托钵修会的学校进行学习。14 世纪末至 15 世纪前叶，圣神大殿学校热闹非凡，谈论哲学蔚然成风。那么大学又如何呢？

在这座人文主义者历任国务秘书的城市，大学要比其他城市更加重视人文教育。然而实际上，佛罗伦萨大学直到 1349 年才获得教皇认可正式成立。而且托斯卡纳地区居于核心地位的大学是比萨大学，佛罗伦萨大学并没有得到渴求必要知识技能的城市贵族的广泛支持，而是一度穷困潦倒，多次面临停办危机。不过即便如此，它作为一所与众不同的大学，依然有值得关注的地方。

薄伽丘在这所大学创建了意大利最早的希腊语讲座，1397 年曼努埃尔·赫利索罗拉斯从君士坦丁堡来到这里授课，传播希腊文化。这里还有罗马法学、天文学、占星术方面的著名教授。佛罗伦萨大学有神学、教会法与社会法、医学与自由学等三个系，1472年佛罗伦萨大学和比萨大学合编之后，尤其倾力于自由学。声名远扬的人文主义者云集此处执教，讨论会、私塾也都为人文主义的发展提供了支持，这也是这所大学独一无二的地方。众多城市贵族子弟都被这里的自由学、人文研究深深吸引住了。

人文主义者们——除了萨鲁塔蒂和布鲁尼等国务秘书，还有莱昂·巴蒂斯塔·阿尔伯蒂、马泰奥·帕尔米耶里、克里斯托弗罗·兰迪诺——所提出的观点大多是以“市民生活”为主题的政治和道德观念。同时人文主义者们积极查阅研究古典文献，并进行与之相关的语源学研究，其中，波焦·布拉乔利尼作为教皇随行人员，1414—1418年陪同教皇前往康斯坦斯宗教大会期间，发现了古罗马哲学家卢克莱修《物性论》的抄本，并介绍了伊壁鸠鲁的原子自然学说，这对后世思想界产生了潜移默化的巨大影响。

佛罗伦萨的艺术家和文人的工作状态时刻处于公众的监督之下，公众目光如炬，这也间接地成就了他们艺术、文学作品的高品质。这一切与公民人文主义的普及有着千丝万缕的联系。

出现爱书之人和成立公共图书馆

就这样，在人文教育环境得天独厚的佛罗伦萨，普通商人、匠人的识字率也提高了，对书籍的渴求自然而然也愈发高涨。中世纪前期，几乎只有修士和神职人员才具备读写能力，而他们使用的抄本也是在修道院的抄写室一笔一画抄写而成的。书籍流通自然十分有限，普通人难得一见。不过，到了欧洲主要城市都开办了大学，市民阶层求知热情高涨的13—14世纪，书籍的需求量与日俱增，在修道院外面也开始出现"商品"性质的图书生产。

佛罗伦萨首屈一指的图书、抄本商人是韦斯帕夏诺·达·比斯蒂奇（1421—1498年）。他认为手抄书要比印刷书——15世纪70年代佛罗伦萨出现印刷业——更美、更有价值。他雇用了大批抄写员，采用集体分工制，尽可能迅速地完成不可计数的书籍来满足顾客的需求，可谓随机应变式的出版方式。而且这里还想介绍一个相关情况，那就是人文主义者和抄写员——波焦·布拉乔利尼、尼科洛·尼科利、巴尔托洛梅奥·塞文托——都很反感以往丑陋的哥特黑体字，他们逐渐发明了娟秀、易读的新字体，如在加洛林小字体基础上修改而成的"humanist"手写体等。

图6-5　圣马可修道院图书馆

中世纪后期之前，几乎没有用俗语创作的书籍。书籍语言仅限古典语言，也就是拉丁语、希腊语、希伯来语，等等。但是13—14世纪，商人、工匠的社会比重大幅提高，他们对知识的渴望也日益高涨，俗语（也就是意大利语）成了书籍用语，俗语书籍的地位也得到了提升，拥有了广泛的“读者群体”。只需试想文艺复兴的三位巨匠——但丁、彼特拉克、薄伽丘就够了。

在这些走上前台的新读者群体之中，多数并不是那些原本学习过拉丁语，习惯阅读拉丁语书籍的神职人员、法官和公证人，而是只能读懂意大利语的商人、工匠和艺术家。他们喜欢阅读的意大利语书籍包括弥撒经书、日课、圣人传记等信仰书籍，宫廷的风流韵事，诗歌、寓言、短篇故事（后述）、史书、拉丁语作品译本，以及算术等工具书。

话虽如此，但普通市民根本无力大量购买还无法实现量产的昂贵抄本或书籍。因此，1444年，老科西莫在佛罗伦萨的圣马可修道院创建了一座公共图书馆，并捐赠了大批抄本。其中包括受到科西莫庇护的人文主义者、藏书家尼科洛·尼科利收藏的八百多本抄本。之后同样仰仗诸多学者捐赠，书库逐渐完备。图书馆作为学者、艺术家、文学家以及书籍爱好者的公共设施而对外开放，具有划时代意义。尽管这座图书馆的藏书大多是拉丁语和希腊语，并不适于大众利用，但关键在于无论是从建筑层面还是体系特点来说，它都是后来源源不断兴建的公共图书馆的标杆。此外，在个人之间，俗语书籍的借读、誊抄似乎也十分频繁。

“读写共同体”佛罗伦萨

那么普通人是在什么阶段、什么地方学习了“读写”呢？当孩子还在婴儿阶段，家里的父辈便会把这个孩子喜欢的水果或糕点做成字母的形状，教孩子识字。

孩子长大到7岁左右，就要先学习读写俗语（意大利语）。当时佛罗伦萨所有学校都是私人性质的，通常老师（神职人员或有学问的普通人）的家就相当于学校，教授读写和算术的基本功。到了中世纪后期，城市共和国开办读写学校实行公共教育。佛罗伦萨开设大学之后，大学老师采用所谓的“巡回课堂”教学方式，向市内各个地区的孩子传道授业。如果学习读写的孩子当中有人想要上大学，还要在求学期间学习拉丁语。想要从商的孩子一般都要学习算术，而且根据佛罗伦萨的学业惯例，10~15岁期间，还要有两年时间中断语言和文学学习，在算术课堂进行专门学习。

对于商人、工匠家庭来说，在校学习之后，大多会在孩子12岁上下的时候将其送到亲戚或熟人的店铺里做学徒，用3~5年时间让孩子实践学习买卖交易和银行业务。商人们的商店、匠人们的作坊本来就可以看作是一种学校，或者是对在校学习的延续。

成为学徒、接受历练的孩子们不仅会向老板和师傅学习专业技术，也会学习读写和算术。

例如，从事跨地区贸易的商人的学徒，15岁以前在佛罗伦萨城内学习各种技巧，15岁以后就会被派往伦敦、布鲁日、巴黎、巴塞罗那、那不勒斯、巴列塔、法玛古斯塔（塞浦路斯岛）等分店所在地。在这个过程中逐渐熟悉拉丁语，学习当地语言和风土民情，并且要让商品、价格、关税、兑换率、度量衡、交易渠道、市场，以及如何打点金融机关和记账等内容烂熟于心。例如，巴尔迪商会的商人弗朗西斯柯·巴尔杜西·裴格罗蒂在14世纪30—40年代修编了《通商指南》——当时业已出现囊括了这些商人所需知识的指导用书。

此外，大学里不仅有18岁以上需要学位的法律人士、公证人和志在从医的年轻人，还有渴望培养人文素养的贵族子弟。

根据乔凡尼·维拉尼《编年史》关于1338年部分的记述，在佛罗伦萨有8000~10000名少男少女在接受初等教育期间学习读写，而且六所学校的1000~1200个孩子学习算术和代数，四所学校的550~600个孩子学习语法（拉丁语）和逻辑学（哲学）。14世纪前叶，佛罗伦萨的总人口约为9万，学生的数量并不算多，但是毋庸置疑，佛罗伦萨对待孩子的教育倾注了极大的热情。时过境迁，到1480年，6~14岁的男孩子的入学率超过了30%。

从保存下来的数千份商人信件和14—17世纪约两百本“备忘录”中，可以很清晰地看出，即便是普通市民也具有良好的教养和高水平的读写能力。所谓“备忘录”的类型包括夹在家庭账簿和日记里，写着各种对子孙后代教诲的随笔，以及并不打算公开的留给家人和后人的私密内容。特别是在14世纪初至15世纪30年代，这类备忘录传承尤盛。

一位名叫克里斯提安·贝克的法国学者在《佛罗伦萨的作家商人（1375—1434年）》一书中，仔细研究了这些“备忘录”和商人编纂的编年史，论证了商人文化与人文主义是相辅相成、共同繁荣的。他认为，商人们置身于严酷的商海，由于偶然性和不可预见性而对“命运”的力量有着切身体会，他们运用“理性”将计算、正义、逻辑贯彻到底，以“审慎”的态度不断随机应变，为了改变物事的走向，为了把握幸福而努力奋斗，而人文主义者则是把这种商人的直观感受发展成了一种思想。

文艺复兴时期的佛罗伦萨人会时不时流露出自己比其他城市市民更聪慧、更富于“才智”的得意之情。这种才智绝不堕于俗套，而在于无时无刻不对美好事物的追求。备受瞩目的是，萨佛纳罗拉、米开朗琪罗、瓦萨利等人都如是说，这得益于他们幼时便开始学习读写、算术的经历，长大后怀揣着“作为市民，要将社会问题视为己任”的责任心，与他人沟通交流、切磋琢磨。就这样，佛罗伦萨形成了孕育文艺复兴巨匠天才的一方水土。

薄伽丘与萨凯蒂

14世纪，汇聚了语言的表现力和人际关系塑造力的“俗语短篇小说”在意大利诞生。饱含智慧、鲜活生动、富有深意的语言，批驳、诓骗、戏谑、救赎……带有滑稽趣味的奇闻异事云集，在佛罗伦萨周边孕育了优秀的作家。

早期有作品《故事集》（*Novellino*），作者不详，成书于13世纪末，收录总计100篇小故事，这些故事出自《圣经》、古希腊罗马作品、古今东西的传说和骑士传奇，以及同时代发生的故事，生动描绘了各种幸运灾厄、阴谋诡计、美好的德行与人类的情感，而且主人公大多是平民百姓，当之无愧地开创了新时代的城市共和国文学。

毫无疑问，最负盛名的俗语短篇小说是乔万尼·薄伽丘（1313—1375年）的《十日谈》（1349/1351年）。该作品设置的背景是十名男女（七名女性和三名男性）为了躲避肆虐的鼠疫，逃离佛罗伦萨城区，来到郊外一座小山上带有庭院的庄园里。这里绿意盎然，景色宜人，为了消磨时光，他们在十天时间（两周内，周五、周六除外）里，每人每天要讲一个故事——全书由100个故事组成。第一天的序言不仅将每篇故事前后串联起来，提领全篇，而且铺垫场景，形成“框架故事”。每天选出一个国王或女王，由被选中的人决定故事的主题，主题包括幸福和不幸的爱情、女人的恶作剧、欺瞒与诡计、宽容与大度，等等。

故事中出场的男女老少以市民阶层为主体，也包括骑士、神职人员等各行各业，身份来历各不相同。这些主人公在面对现实时感到困惑和苦恼，会摸索解决方法。而且这本故事集用语言风趣地刻画了出场人物在各色境遇中所展现出来的耐人寻味的人性。虽然感情、天性五花八门，让人眼花缭乱，但是所有这些多样性都完美契合了对世界、社会有机的远景轮廓。换言之，作家在这本书中尝试创造一个幻境，一个秩序井然的世界。而在这种远景背后，城市共和国的秩序应当超越神的秩序。只有在这自由的城市当中，广阔无垠的人类世界才有可能发掘无穷无尽的能力、多姿多彩的行为体验和人性。

出身佛罗伦萨金融行会的富裕市民，参与政治活动且曾就任首领的弗朗科·萨凯蒂（约1330—1400年）在14世纪末创作了《故事三百篇》，这部故事集不同于《十日谈》，它没有被框架故事等形式所禁锢，而是像聊天一样娓娓道来，用纯粹的文体讲述轻松愉快的故事，尽可能给予充斥着动荡和不幸的人生更多的鼓励和慰藉。场景设置在佛罗伦萨的街道、广场、住宅、旅店、酒馆、拓荒地以及农村地区，展现了各个阶层的千姿百态。这本书洋溢的智慧与诙谐表达了市民们的日常感触，而且每个妙趣横生的故事结尾都必定会阐述一番道理。

例如第147篇中，有一个名叫安东尼奥的大财主，为人吝啬。他在乡下得到了30只鸡蛋，想要带回佛罗伦萨，但又舍不得缴税，于是过卡时就把鸡蛋藏在了裤子里。可是他的男仆向税务官告发了他，税务官逼他坐下。结果鸡蛋碎了，黏糊糊的蛋液一直流到了鞋里。为了堵住税务官的嘴，安东尼奥只好贿赂了他一枚格罗索银币。可想而知，他回家以后妻子瞠目结舌，这件事眨眼间传遍了佛罗伦萨，成了安东尼奥一生的耻辱……

不仅是庶民阅读这些平民文学，贵族们也乐在其中。尤其是伟大的洛伦佐时期的宫廷，在15世纪后的二十余年里对平民文学产生了浓厚的兴趣，优雅讲究的精英群体还会特意扮出一身“乡土气”。而且他们乐于创作农民和青年人的Rispetto（一种六行至八行的通俗爱情诗歌）。洛伦佐不仅以亲身经历写作爱情抒情诗，还前往农村采集风土民情和语言，创作了饱含平民想象力的《狂欢节之歌》和风格近似诗人阿里奥斯托的十四行诗、田园诗以及神秘剧。

创作这类文学作品的半吊子作家们在洛伦佐宫廷熙来攘往，也不乏指望扮丑得宠之人。身材肥硕的马迪奥·弗朗克就是一个不拘一格的奇人，他曾在乡下担任过牧师，也当过大教堂全体教士参事会的会员，而他扬名立万依靠的却是污言秽语的十四行诗。此外浦尔契三兄弟——其中创作了以巨人莫尔甘特为主人公，充满奇思妙想的骑士文学《莫尔甘特》（1483年）的路易吉·浦尔契（1432—1484年）最负盛名——都是贵族家庭出身的商人兼诗人，他们优雅的情操获得了洛伦佐的喜爱。

当时以美第奇家族为代表的名门望族自诩为符合共和制理想的“普通市民”，并且希望这种身份能够得到社会中下层的认可，因而他们实实在在地与平民百姓建立了友好的关系，也因此形成了追捧农民语言风格、方言和乡土气质的风气。

正如第二至第五章所述，当我们以“基督教”及其文化、“家族”为关键词来审视社会关系时，就能够明显发现中世纪和文艺复兴时期的文化和社会是“连贯”的，几乎未曾“断绝”。本章介绍的文艺复兴时期的异教与世俗（市民）文化，对于15世纪的佛罗伦萨而言看似唐突，实则是14世纪之前历史的厚积薄发，其背后离不开共和政体这一根基，离不开贵族和普通市民共同的“平民”（波波洛）自我定位，以及能够主动接纳农民阶层民俗文化，宽容大度、日渐成熟的城市共和国。

第七章

广场和街道

孤儿院的凉廊

文艺复兴文化也拓展到了室外。其形式是宗教活动，以及活动中的音乐和游戏，也可以称之为非物质文化遗产。而这种特权性质的活动场所就是广场和街道。

大小广场和广场的多功能性

贝内德托·戴伊在《编年史》（1473年）中这样描述佛罗伦萨的广场——“秀美的佛罗伦萨市区内有五十座广场。这些广场每一座都有教堂，或者被执政者的官邸、住宅环绕其中。此外还有商店等其他店铺……值得一提的是，在这些广场上，佛罗伦萨的市民们沉迷于娱乐活动，他们骑马、举行枪术竞技、舞蹈、比武、表演戏剧、举行跳远跳高比赛、击剑、投球投石、举重、玩球，用腿脚和面部、屋棚、（羊）踝骨、小球，兴高采烈地举行马车换装游行、小型音乐会，赌骰子、玩双陆棋，还会用铃铛、剑、铅制玩具货币、陀螺、核桃和榛子等——人们用一切物品嬉戏玩耍。这是因为最伟大的人民，我们，必须像古罗马人那样生活。因为无比强大而无上光荣的佛罗伦萨市民来自古罗马人。自从城市奠基以来，从没有哪一天像1472年的今天这样美好。”戴伊将广场升华到了休闲娱乐空间的境界，当然，广场还具备一些基础功能。

政治地位最重要的一座广场是向旧宫以北和以东呈“L”形

展开的美丽的“领主广场”。因为市政厅位于旧宫，这座广场自然而然成了政治活动的舞台。在这里，每隔两个月便会举行宣布首领就任的市民大会、公开行刑、市民武装演习等活动，发生骚乱时，各个行会的武装人员也会在这儿集结。因此，这座广场气氛凛然。而且因其矩形场地宽阔，所以也用作节日活动和游戏的场所，经常举办骑马游行和骑马枪术比赛。

一如美国作家玛丽·麦卡锡在《佛罗伦萨的石头》一书中所指出的那样，如果将佛罗伦萨看作一个男性的城市，那么领主广场就是佛罗伦萨的空间象征。像要塞一样森严的旧宫睥睨着这座棱角分明的广场，其正面入口的左手边竖立着米开朗琪罗的《大卫像》(1504 年，原作收藏于佛罗伦萨美术学院)，右手边是班迪内利的《赫拉克勒斯与卡科斯》(1534 年)，刻画了英雄赫拉克勒斯用棍棒痛打怪物涅索斯的情景。而后在美第奇公爵时代，巴托洛米奥·阿曼纳蒂建造《海神喷泉》(1575 年)，让威严的海神“白色巨人”的形象深入人心。詹博洛尼亚还修建了《科西莫一世骑马像》(1594 年)。加上原本用于举行会议和典礼的佣兵凉廊所放置的雕塑群，在这座广场上，诸神和雄姿英发的古代英雄们激情澎湃，钢筋铁骨展示着健美的身姿。

这里巾帼不让须眉——如多纳泰罗的《朱迪思和霍洛芬斯》(创作于 15 世纪 50 年代末，原作收藏于旧宫百合厅)。D. H. 劳

图7-1　米开朗琪罗《大卫像》（领主广场）

图7-2　詹博洛尼亚《科西莫一世骑马像》（领主广场）

伦斯 1922 年创作的小说《阿伦的杖杆》当中，主人公来到了领主广场，感觉自己抵达了世界完美的中心，他斩钉截铁地说道："只有男人！也只有男人！无论如何这都是男人的城市。这种雄浑的特质，因其永垂不朽而泼辣大胆。"

图7-3　多纳泰罗《朱迪思和霍洛芬斯》（领主广场）

或许是对古典城市的传承塑造了这种男性特质——理性高于感性，高傲凌驾谦逊，严肃胜过温柔，这种理念根植于佛罗伦萨市民心中。

接下来介绍具有浓郁的宗教气息的广场。"大教堂广场"连接“圣乔凡尼广场”，二者常被视为一座广场。严格来说，前者仅限教堂入口的正面、两侧和后方，其余部分都属于后者范围。从中世纪后期至文艺复兴时期，这里都是基督教的中枢，起到了宗教慈爱关怀的作用。因为这里不仅坐落着大教堂、洗礼堂，还有主教宫、教会参事会宫殿、仁慈大兄弟会和碧加洛兄弟会的总部。14 世纪末以后，这里因举行“马车爆炸节”（即复活节）时，在巨大的花车上点燃烟花庆祝基督复活而闻名遐迩。

教堂前的广场同样也是重要的宗教活动空间，最著名的是两大托钵修会修道院前面的“新圣母马利亚广场”和“圣十字广场”。因为这些广场规模巨大，理所当然地成了传教、游行、演出神秘剧以及举行基督教和骑士制度典礼的场所。而且这两座广场常常用来举行全城参与的“游戏”。特别是圣十字广场，它在文艺复兴时期完全成了骑马枪术比赛的专用场地。伟大的洛伦佐与弟弟朱利亚诺·美第奇进行了骑马枪术比赛，最终弟弟获胜，宣布自己心爱的绝世美女西蒙内塔·韦斯普奇为“骑马枪术比赛女王”。而到了近代以后，这里又成了后文将会提到的古典足球“Calcio Storico”的著名场地。

第三个要介绍的是“圣母领报广场”。每年到了圣母马利亚诞辰（9 月 8 日），这里就会举行“丘陵市场”，农妇们从皮斯托亚和佛罗伦萨东边的卡森提诺丘陵地区来到这里，为圣母马利亚献唱悲恸的圣歌，同时贩卖纺线、干蘑菇、奶酪以及其他商品。当歌声和买卖结束，就该轮到各种各样欢乐的表演登场了。魔术师大显身手，江湖郎中和走街串巷的小贩高声叫卖假药、防溺水防火灾的护身符以及其他便宜货。这场一年一度的盛事称为“灯笼节”，一直流传至今。每逢这天，孩子们就会提着纸灯笼走上街头，农民则会售卖乡下的土特产品。

而今这座被古典柱廊环绕的广场，或许已经是最能切身感受文艺复兴时代的城市空间。广场的一面是布鲁内莱斯基设计建造的孤儿院，其凉廊（柱廊）是由纤细的科林斯式圆柱支撑着半圆拱连缀而成，结构简单明快，彰显出一种古典美。随后到了1478年，伟大的洛伦佐和朱利亚诺想要进一步美化这座广场，他们购入了广场西侧的土地，计划比照对面的孤儿院修建一排住宅，但当时并未实现。

图7-4　圣母领报教堂

不过1516—1525年，安东尼奥·达·桑迦洛和巴乔·达尼奥洛设计的圣仆会兄弟会的凉廊在这儿拔地而起，与对面而立的孤儿院凉廊共同演奏着古典和谐的音响。这要归功于洛伦佐的儿子教皇利奥十世斥巨资实现了父亲的计划，广场也因此成了秩序井然、和谐一致的“古罗马风格公共场所”，向全世界宣布教皇同时拥有神圣和世俗至高无上的权力。到了17世纪初，乔凡尼·卡西尼建造了圣母领报教堂的柱廊，这个柱廊为穹顶结构，由七个科林斯式立柱支撑的拱形组成，就这样，姗姗来迟的“文艺复兴空间风格”最终落成了。

文艺复兴时期，佛罗伦萨其他不可胜数的广场也都在政治、宗教、学术、音乐等各个方面，与其面前矗立的宫殿、设施一同彰显着独一无二的特点。每个小教区、旗区也都有自己的教堂和广场，对于当地居民而言，这些地方是他们最常去也最热闹的社交场所。

市场活动

还有一座前一节未曾提及的重要广场：“共和广场”。这是古罗马时代坐落在卡皮托利山（朱庇特神殿）的公共场所的遗珠，从中世纪起就因“Mercato Vecchio”（旧市场）而大名鼎鼎。19世纪后叶，意大利王国的首都从都灵迁至佛罗伦萨后进行了重建，由于规划调整，拆除了周围大量的建筑物和街道，形成了原来的维克托·伊曼纽尔二世广场的四倍面积，第二次世界大战后更名为共和广场。

文艺复兴时期的旧市场矗立着云母大理石材质的立柱（来自

圣乔凡尼礼拜堂），1431 年多纳泰罗增设了象征富饶的大理石像（现为仿制品）。据说从前在古罗马时代还曾竖立过用于活人献祭异教神明的石柱，多纳泰罗的雕像也可以说保留了邈远的古典时期和其他宗教的记忆。顺带一提，多纳泰罗的立柱上还有两口钟，钟上系着铁棍，其中一口钟用于在市场开放和关闭的时候报时，而另一口钟被当当敲响时，就是提醒人们市场有窃贼或其他作奸犯科之人正在游逛。这座广场不仅是一座商品买卖的市场，还建有囚犯的示众高台。

“旧市场”（Mercato Vecchio）这个名字首次见于 1079 年的史料。原本城区各处都有市场，而到了 11 世纪至中世纪后期，旧市场地区得到了集中发展，各色店铺和货摊聚集此处。14 世纪广场中央出现了临时搭建的建筑，建筑内部和周边的货摊一个挨着一个，随时随地都有新鲜蔬菜和肉类，顾客人山人海，这里也因此成了佛罗伦萨市民生活丰饶的源泉，被称作“佛罗伦萨的园子”。

天色未明，载着农产品的货车就驶入广场，家畜、家禽的叫声此起彼伏。晨祷（赞歌）的钟声尚未结束，这座旧市场各个行会下属教堂——位于广场四角——的里里外外就已站满了早起的佛罗伦萨市民，他们不是在各个地区的教堂，而是在这儿参加无圣歌伴奏的弥撒，然后前往各自工作的地方。

一大早，家庭主妇和旅馆的老板娘们就络绎不绝地来到这儿。她们挤在市场上的店铺和货摊前，挑选着便宜的食材。特别是家禽商贩和蔬菜商贩货摊前，人声鼎沸。旧市场里每时每刻都洋溢着活力四射的声音。

旧市场除了卖食物，也卖纺线、布匹、织物和锅碗瓢盆。这里还有酒馆，可供商人和各种行会、团体聚会。美第奇、萨塞蒂、托纳昆奇等富商巨贾也在这儿建造了宅邸作为贸易总部。而且在 13 世纪期间，广场周边陆续开设了多个行会总部。

另一方面，建在旧市场南面的“Mercato Nuovo”（新市场）与旧市场不同，它不售卖食品，只允许售卖鲜花。新市场所在位置早在 11 世纪中叶就是金融中心，从事兑换业务的商人在周边开设了很多店铺，聚集了涉足金融行业的长老、精力旺盛的经纪人、投资者以及办事员。16 世纪，这里建起凉廊。因为科西莫一世察觉到佛罗伦萨市场规模逊色于阿姆斯特丹等欧洲大城市的市场，为了显示他挽回劣势的决心，他委托两位建筑家——乔凡尼·巴蒂斯塔·德·达索和布塔伦蒂——建造凉廊，于 1551 年竣工。当时的高档丝绢织物就在这座凉廊售卖。

贵族的骑马枪术比赛和舞蹈

近年来，历史学界兴起了研究宗教仪式、节日庆典时声音和乐曲的热潮，时常会借用人类学等邻近学科人文社科的研究方法。T. J. 马格西在《中世纪后期佛罗伦萨的庆典音乐家们》一书中，对中世纪、文艺复兴时期佛罗伦萨的仪典和乐师进行了全面介绍。

本章开篇引用了历史作家贝内德托·戴伊的言论，广场最重要的功能就是“娱乐”，而在重大节日时这种功能尤为凸显。节日，或是为了表露虔诚的信仰之心，或是释放世俗的、非基督教的情绪（实际上二者并无明显区别）。为了满足后者，佛罗伦萨十分注重大斋节前一周的大吃大喝、纵情欢乐，也就是狂欢节。狂欢节原本是一个可以灵活调整日期的节日，而中世纪末期，佛罗伦萨将其固定在 2 月 7 日。

迎来第二波欢乐节日气氛高潮的机会是五朔节。这个节日是为了宣告春天的到来，佛罗伦萨的节日开始于 4 月 30 日，基本贯穿整个 5 月。一年当中最后一个要庆贺的节日是基督教世界共同的节日 —— 圣诞节，但在欧洲中世纪和文艺复兴时期，相对于圣诞节，人们更重视复活节。在佛罗伦萨，不仅是狂欢节和五朔节，胜利纪念日或是教皇、各国王侯来访时，也会在庆祝典礼上表演节目，热闹非凡。

在这些世俗要素领衔的庆祝活动中，会举行华丽的换装游行、骑士单挑、比武、塔罗等活动。换装游行配有伴奏音乐，佩戴面具的歌手吟唱狂欢节的歌谣。这些歌谣大部分讽刺、挖苦了特定的行会、商人、贵族和制度，也有一些会打男女之事的擦边球。

有势力的家族将比武看作家族名誉之争，并为此不遗余力。登场的骑士身着华服、手持松明，率领一众随从和盾手进入赛场。某个家族派出一人作为这场比武的“殿下”，授予其权杖。豪华的宴会之后，这位殿下与登场者在“心仪对象”的家族面前比武，而后缓步随行承载着象征心之所爱的花车。“狂欢节的星期二”通常由归尔甫党出资赞助，在圣十字广场举行，是骑士单挑和比武最为激烈的日子。

此外还有很多狂野的娱乐活动。例如，历史悠久的投石战，持棍或徒手互殴等，出现死伤并不稀奇。还经常举办舞会。不论是在私人府邸还是小教区广场，抑或是领主广场和圣三广场等规模更大的广场，都挤满了舞蹈的人。有时还会阻断公共广场，在那里搭上天棚、架设舞台、摆上桌子，举行大型舞会。甚至有数百名男女参加，还会举行舞蹈比赛。

1421 年 2 月 2 日星期天，领主广场举行了大型舞会，对此红酒商人巴托洛米奥·德·克拉扎在日记里这样写道：

> 今天，城市的年轻人为了举办盛大的舞蹈大会，在领主广场上围了一大圈栅栏，还给获胜的男女准备了奖品。男人

的奖品是用金属卡扣卡在大木棒上面的深红色丝绢花饰，女人的奖品是镀金的银质冠状小花饰或项链。裁判员是从女子组选出的四位女性，坐在高处，同样也有男裁判员。女子组的获胜者是菲利普·迪·乔凡尼·达迈里克·德·贝奈的女儿，男子组的获胜者是贝纳尔多·吉拉蒂的儿子。主持舞蹈大会的青年人有十四名，身裹松鼠皮衬里，向上挽起二分之一臂长（约三十厘米）的深红色丝绢衣服，左上臂佩戴珍珠制作而成的蟋蟀装饰，头戴白色、红色、绿色的硕大头巾，头巾上缀有流苏，裤子分为白、红、绿三色，上面绣着珍珠。舞蹈大会举办者是阿尼奥洛·迪·菲利普·迪·塞尔·乔凡尼。他身着光芒四射的深红色服装，就座于梅坎奇亚宫一个铺着绒毯，悬挂帷幕，极为庄严的台子上。聚集的人群挥舞着各种糕点和饮料。向获胜者颁奖之后，广场上还举行了骑马枪术比赛，没有护盾，只用长矛，头戴头盔，全身披挂甲胄……下周一都要骑着高头大马进入佛罗伦萨。人们都说在佛罗伦萨还从未见过这么好看、排场这么华贵的舞蹈大会。

佛罗伦萨人还热衷于另一种节日娱乐项目，这便是不同于在丛林之中追捕鸟兽的普通狩猎的市区“狩猎”。虽然也是动物之间相互搏斗，但不像斗鸡、斗狗、斗牛等是用同类动物，这项娱乐的特点就是把动物（公牛、母牛、野马、狼、猪、野狗、长颈鹿以及狮子）赶入广场上用高栅栏围拢起来的封闭空间，让不同的动物进行搏斗，从而营造一出精彩表演。

如今，在每年 6 月 24 日的施洗约翰纪念日，圣十字广场都会举行古典足球四分区对抗赛。这种古典足球每队通常有 27 名队员，在 1 个小时之内将球送入球门的门线里即可得分，包含了一些橄榄球的要素。但是只有踢球或持球能得分，且禁止用手投球。

这项运动 15 世纪时就已兴起，场地不限于圣十字广场、圣灵广场、新圣母马利亚广场等各个地区的大广场，诸圣教堂的草坪（普拉托）也曾举行过。当时并不像现在这样与施洗约翰纪念日密不可分，反倒是一项冬季娱乐活动，狂欢节时贵族年轻子弟多以此消遣解闷，因此也经常在冰封的阿诺河面举行这种比赛。到了 16 世纪美第奇公爵时代，这一项目成了大公国和美第奇家族节日演出的组成部分。

圣约翰节与游行

并不是所有节日都像狂欢节、五朔节那样有着显而易见的世俗色彩，有的节日庆典就是虔诚恭敬地纪念耶稣、马利亚和诸位圣人（当然，这些节日同样包含游戏、娱乐的要素）。佛罗伦萨规模首屈一指、覆盖全城的宗教活动，就是纪念佛罗伦萨主保圣人的圣约翰节。此外，重要节日还有四旬节、圣扎诺比节（5月24日）、基督升天节（复活节后第40天）、圣母升天节（8月15日）、圣灵降临节（复活节后第七个星期天）、主圣三位一体节（圣灵降临节后第一个星期天）、基督圣体节（三位一体主日后的第一个星期四）。与美第奇家族保持着密切往来的东方三博士兄弟会会在圣诞节当周最后一天的1月6日主显节举办“麻葛节”，为了称颂给佛罗伦萨带来繁荣的美第奇家族，还会组织骑马游行和演出神秘剧。

6月24日是施洗约翰纪念日，万人空巷，佛罗伦萨举办了一年当中规模最大的节日活动。因为这个节日也是向内外展示佛罗伦萨的实力和辉煌的机会，城邦自然会给予支持并进行监督。需提前多日筹备，其间不能有丝毫懈怠。街道都打扫得一尘不染，游行队伍经过的街道的沿街住户，还需要在窗户上悬挂旗帜。

正式活动在节日三天前的6月21日开始。市政官下令后，首先是所有15岁以上的男子手持蜡烛前往洗礼堂，并且要在洗礼堂前以及圣皮埃尔马焦雷教堂（位于佛罗伦萨市区东部，后文将会介绍的赛马的终点）前广场上，用蓝布搭建一座高约12米的帐篷，从而使游客和展示的商品免受风吹雨打。这些由毛织行会负责督办。第二天，亚当、摩西、古罗马皇帝奥古斯都、大天使米迦尔、东方三博士、地狱天堂、生者死者等各种主题的花车将排成一列，在领主广场表演戏剧。

节日前一天（6 月 23 日）早上，神职人员和兄弟会的代表将手持各教堂保管的圣徒遗物，披金戴银、周身罗绮，从大教堂广场出发，沿主干道巡游。随后是跟随在“正义旗手”身后的各个旗区的市民、公务人员和行会干部，然后是周边农村地区的封建领主，按照这个顺序前往洗礼堂祭拜以及奉献供品。纸糊的巨人道具和长须的隐士同样在城区里跟随队伍缓步前行。队伍在行进过程中还伴随着乐器演奏、演唱劳达赞歌以及神秘剧演出。

游行路线串起市内主要教堂和地标建筑。去时行经天主圣三一桥，返程经维奇奥桥穿过阿诺河，途中在领主广场举行仪式，讲坛上的长老们也要参加。几乎每个参与者都手捧蜡烛，最后到达洗礼堂时将手中的蜡烛献给施洗约翰——这同时也意味着臣服于城邦。所谓宗教队伍，一方面是在众人眼前显露参加者的社会地位和作用；另一方面在于时时刻刻展示城邦的“圣性地图”，因而格外重视游行路线和停靠地点（教堂、市政厅、广场等）。

节日前一天是巡游，而节日当天的仪式则始于在大教堂精心筹备的典礼，所有教堂的歌手都会参加。不过这天下午，就会举行市民们翘首以盼的赛马。15 世纪初的丝绸织物商人、著名历史和日记作家格列高利·达蒂批评道："装点了春天最后一个节日的圣约翰节逐渐流于轻佻浅薄，并且首先要归罪于这种赛马活动，以及节日举行的其他世俗游戏。"

1288年，赛马被列入圣约翰节活动的一部分。骑手们骑在赤裸的马背上，以迅猛的速度在狭窄的道路上赛跑，十分危险。比赛从穆尼奥内桥（曾经架设在穆尼奥内河上面的一座桥）出发，穿过市中心，终点位于圣皮埃尔马焦雷广场。比赛结束后，长老将会在震耳欲聋的音乐声中主持赛马颁奖仪式，胜利者将获得一面旗。

本章介绍了文艺复兴时期在广场和街道开展的典礼、游戏、舞蹈和音乐。热衷游戏或许能说明佛罗伦萨人是罗马人的直接后裔，但最为精彩的场面仍旧是从"骑马枪术比赛""比武"等传承而来的中世纪封建制度的记忆。15世纪之前，邻里组织、家族、行会和兄弟会为了彼此的名誉和威望你争我夺，这构成了庆典仪式的主体。然而，正如第九章管窥所见，大权独揽的君主和一小撮爱好者垄断了艺术之后，典仪的特点也随之发生了巨大的变化。

第八章

世界和世人的新视角

多纳泰罗《哈巴谷》（左）、《抹大拉的圣马利亚》（右）（大教堂博物馆）

前文我们研究了文艺复兴时期佛罗伦萨市民们日常生活的需求，以及他们在怎样的场所开展何种文化、社会和宗教活动。本章将在阿诺河上的这座花之都探寻其文艺复兴艺术的本质特征。众所周知，19 世纪瑞士的文化史学家雅各布·布克哈特将意大利和文艺复兴称为“人和世界的发现”时代。那么将目光投向佛罗伦萨时，对于不计其数的艺术作品，人和世界的看法又有着怎样的发展变化？我们按照建筑、雕塑和绘画的顺序来看一看吧。

伟大的布鲁内莱斯基

首先是建筑。第六章已经相当详细地研讨了在中世纪特质的基础上实现升华的文艺复兴时期的世俗建筑 —— 宫殿、庄园，下面来欣赏一下宗教建筑。

位居核心的建筑家非布鲁内莱斯基（1377—1446 年）莫属。布鲁内莱斯基是在著名的圣乔凡尼洗礼堂第二青铜大门雕塑的“比赛”中败给了洛伦佐·吉贝尔蒂（1378—1455 年）之后 —— 因为评审员无法理解他超前的技法 —— 才真正立志要做一名建筑家。布鲁内莱斯基与多纳泰罗一同奔赴罗马，仔细调研古罗马的遗迹和建筑（特别是万神庙），测量立柱、柱顶、柱顶过梁（立柱与饰带之间的横梁）、飞檐、山花，等等。返乡之后，布鲁内莱斯基马不停蹄地将这些研究成果投入使用，设计了大教堂的穹顶。

大教堂主体竣工后，在1410年前建成了巨大的八边形穹顶基座（支撑穹顶的圆柱形或多边形墙壁）。前期的建筑家当中，没有人知道该如何在基座上方修建穹顶。布鲁内莱斯基创造了双层壳体结构法这一划时代的设计，出色地完成了这项工程。该工程于1436年竣工。

图8-1 布鲁内莱斯基的死亡面具（大教堂博物馆）

此外布鲁内莱斯基还在佛罗伦萨城区内和近郊市镇设计了多座横平竖直、结构规整、庄严肃穆的教堂。圣洛伦佐教堂就是其中的代表作之一，以立柱间隔为基准，将全部室内空间设计为该空间的几何倍数。尤其是旧圣器室，整体呈立方体结构，在其上架设了半球形的穹顶，球形的直径是立方体的一条边长，其他部分也都由大大小小的正方形、圆形和半圆形组合而成，和谐的比例关系触手可及。

另一代表作是圣母领报广场对面孤儿院的凉廊。这座凉廊上，20根线条明快又清丽典雅的科林斯式立柱错落有致地支撑着10座拱顶，每一个都是完整的立方体空间。立柱的高度与立柱间距相等，立柱上方架设的半圆拱的高度是立柱间距的一半，其设计比圣洛伦佐教堂更严谨、合理，最为显著的特点便是比例关系一目了然。凉廊整体的设计理念效仿了希腊建筑严格的比例关系，但又不拘泥于某个特定的希腊或罗马建筑，其细节方面应该借鉴了佛罗伦萨的罗马风格建筑、洗礼堂和圣米尼亚托教堂。

图8-2　大教堂的穹顶

奥特拉诺的圣神教堂同样由布鲁内莱斯基在 15 世纪 30 年代初设计而成（他离世之前尚未建成）。尽管这座教堂的平面图、立面图、结构、分节接合部、规模和尺寸等方面均与圣洛伦佐教堂相似，但其十字架和集中式布局实现了更为雅致的组合设计。在三条柱廊设计的正厅，两组美观的科林斯式立柱和它们所支撑的半圆拱顶连绵起伏，错落有致，清冽而美丽，烘托出了灵性的诗情画意。接合部平面是 22×22 臂长（约 13 米）的正方形，这是这座教堂的基础建筑单位，它规定了正厅、翼廊、祭坛等所有建筑的尺度，比例关系只有两种：1∶1 和 1∶2。漫步在和谐完美、回环反复的建筑单元当中，并在当中冥想，再合适不过了。

布鲁内莱斯基利用古典造型的半圆拱、古典立柱以及平坦的顶棚，巧妙组合立方体、半球体、正方形和圆形，在整座建筑的边边角角创造出清晰有序的空间，实现了登峰造极的对称与和谐之美。这固然打破了陈旧的“哥特形制”，讽刺的是，从侧面来说，这是复活的“罗马形制”，是对佛罗伦萨圣乔凡尼洗礼堂和圣米尼亚托教堂结构的再加工。这又该如何理解呢？

如前文所述，佛罗伦萨在政治上谋求独立自主，反抗教皇、皇帝以及农村地区的封建领主，在周身洋溢着圣性气息的共和制城邦中，塑造了这些文艺复兴风格的建筑、雕塑和绘画。可以说，与教皇、皇帝、农村的封建领主所代表的“中世纪糟粕”理论和习俗的斗争，就是催生这些作品的原动力。然而与此同时，不能忘记它们也是体现了“中世纪精华”的共和制城邦的产物，还复活了哥特之前的罗马风格。

无论如何，布鲁内莱斯基的权威性和独创性都对后世产生了巨大影响。15 世纪 80 年代之前，他的技法一直是佛罗伦萨古典建筑的标准，为阿尔伯蒂、米开朗琪罗、罗塞利诺兄弟等人所继承。

特别是阿尔伯蒂，在圣马利亚教堂主立面的改造设计中（约 1455—1470 年），他创造了“牵一发而动全身”的设计方案，上下左右，整体比例相互制约（图 5-3）。这一有机秩序不仅引入了黄金分割比，还根据缜密计算所构成的圆形和正方形的大致框架，实现了对称美的效果。此外还有古希腊风格的建筑要素，如由科林斯式壁柱支撑的半圆拱所构成的万神殿风格的中央玄关，主立面顶部雕刻着太阳图案的山墙造型，等等。这当之无愧是文艺复兴建筑的杰作。

布鲁内莱斯基和阿尔伯蒂领衔的建筑家们所创造的文艺复兴建筑风格，不限于教堂建筑，也体现在第六章介绍过的宫殿和庄园上。

公共艺术属性的雕塑

接下来了解一下雕塑。雕塑虽然使用的也是石头，但与建筑截然不同，同样是表现“人体”，却又有别于绘画，是一种“立体”的雕像造型艺术。雕塑在这个时代不再满足于追求写实和还原，而是试图去挖掘潜藏在人类灵魂最深处的个性和情感本质，而且还被赋予了向贵族和教会当局，乃至市民大众宣传道德和宗教教诲的功能。文艺复兴提出了“人的发现”“人性解放”的理想，而这些理想正是在雕塑上得到了具体呈现。

吉贝尔蒂的弟子、布鲁内莱斯基的年轻朋友多纳泰罗（约1386—1466年）便是最大功臣。邀约纷至沓来，多纳泰罗不仅在佛罗伦萨创作，也在意大利中部、北部各地城市留下了重要作品。他虽然从古典雕塑中大量汲取人体结构、比例、自然的动作和姿态等表现技法，但并不囿于单纯的模仿，而是不断迎合意气风发的市民们所主导的时代需求。相对于旨在塑造优美、协调、纯净形象的古典雕塑，他通过姿态、表情、服饰表现生机勃勃的肉体，展露人的心灵与情感。他释放了雕塑的人性，观众通过对话雕塑和融入背景故事，激发了内心的共鸣与思考。

多纳泰罗的作品常常有一种超越写实的现实主义，以及一种超前的19世纪风格的自然主义特点。尤其是木雕《抹大拉的圣马利亚》（15世纪50年代后期，见本章开篇页）、安放在大教堂钟楼壁龛的《亚伯拉罕与以撒》（1421年）、《哈巴谷》（1423/1425年，见本章扉页）以及《耶利米》（约1427年）等作品最为出色。

这里介绍几个圣弥额尔教堂壁龛当中，多纳泰罗参与过的由各个行会出资建造的圣人雕像（参考扉页插图）。这些雕像是每天漫步于街道的市民们可以近距离欣赏，并与之"见面""对话"的室外艺术。文艺复兴时期的佛罗伦萨，全民参与城市美化，任何人都可以对艺术作品发表一家之言，与其艺术特点相互呼应。壁龛圣人雕像的规划始于14世纪，逐步完成则是在1410—1425年。

本章开篇提到的因圣乔凡尼洗礼堂大门雕塑而扬名立万的吉贝尔蒂，在1414—1428年为三个主要的行会制作了主保圣人青铜像（《圣马太》《施洗约翰》《圣司提反》）。同一时期，多纳泰罗也为其他行会制作了雕像，两人应该彼此借鉴过。受羊毛行会委托建造，吉贝尔蒂的作品《施洗约翰》（原作收藏于圣弥额尔艺术馆）于 1414 年完成。作品中的服饰沿用了哥特晚期风格的唯美线条和新月形的褶皱，虽然分外精致，但却无法让人感受到服饰之下的身体，面部表情也形同面具，略显呆滞。

相反，由麻织品行会赞助、多纳泰罗铸造的《圣马可像》（1413 年，原作收藏于圣弥额尔艺术馆）在静谧之下却散发出蓬勃的感染力。这座采用对立平衡姿势的圣马可将重心放在了右腿，胯骨和两肩倾斜，身体和面部略微偏转，盘活了全身的姿态。服饰经过精心布置，与其包裹的身体融为一体，暗示了肉体形态和肌肉的特点。这位蓄着长髯的老圣人，用他隆起的额头下那双深陷的眼睛凝视着街道。在这座雕像上能够感受到无拘无束、自由奔放的动感和呼之欲出的深邃思想，堪称文艺复兴独立雕塑之典范。

多纳泰罗在圣弥额尔教堂壁龛中建造的雕像还有受盔甲武器行会委托，用大理石建造的《圣乔治像》[1]，受归尔甫党委托铸造的《图卢兹的圣路易》（1422—约 1425 年）青铜像[2]。

1　1417 年，原作收藏于巴杰罗美术馆。——译者注

2　该青铜像最初坐落在东外立面的中央壁龛，1458—1459 年移至圣十字教堂正立面壁龛，目前藏于该教堂博物馆。——译者注

第三位值得关注的雕塑家是南尼·迪·班科（约1381—1421年），他1410年前为石木行会制作了《四使徒》（原作收藏于圣弥额尔教堂艺术馆）。四位殉教的圣人都是基督教徒雕塑家，相传他们拒绝为罗马皇帝戴克里先建造医神阿斯克勒庇俄斯的塑像，于公元300年前后在潘诺尼亚殉教。南尼用精湛的技艺雕刻了四人的大理石像，巧妙地将其安放在浅半圆形的壁龛之中。四人均身着古罗马托加袍，其容貌也是罗马风格。他并没有像多纳泰罗那样为作品赋予动感，而是让观者产生对罗马时代邈远的追思，以缜密的现实主义和历史考据见长。

最后要提到的第四位雕塑家是安德烈·德尔·韦罗基奥（1435—1488年）。他是多纳泰罗的优秀弟子，师父去世之后，他坐上了佛罗伦萨最负盛名的工作室的头把交椅。圣弥额尔教堂的《怀疑的托马斯》（1467—1483年，原作收藏于圣弥额尔艺术馆）就是法官及公证人行会从政治失势的归尔甫党那里收购壁龛之后，委托韦罗基奥制作的青铜雕像，目的是替换前文提到的多纳泰罗的《图卢兹的圣路易》。

托马斯的右脚跨出壁龛很多，从建筑的框架中解放了出来。对服饰的真实刻画，谆谆教诲、忧心忡忡的耶稣的表情和动作，以及在迈步即可沐浴阳光的托马斯的世俗性和身位略高、立于背阴之处的耶稣的灵性之间制造的鲜明对比，这些巧妙的表现方式不仅别具匠心，还形成了巨大的影响力。

彩陶，也就是抛光着色的陶塑作品，从开发新的雕塑素材和技术层面来说，具有重要意义。这一技法是卢卡·德拉·罗比亚（约1400—1482年）在1440年发明出来的，之后由他的侄子安德烈亚（1435—1525年）和侄子的五个儿子继承。利用这一技法，可以调配出白、蓝、绿、黄等鲜艳的颜色，而且有着出众的耐久性，可以此自由创作各种大小的雕像，眨眼间便普及开来。

图8-3　孤儿院浮雕，安德烈亚·德拉·罗比亚作

安德烈亚在孤儿院主立面上制作的十个彩陶浮雕刻画了包裹在襁褓里的新生儿。圣十字教堂帕齐家族礼拜堂当中也有卢卡制作的圣徒圆形浮雕。这种经济实惠的陶器作品不仅遍及教堂、善堂、兄弟会、行会等所有圣俗团体建筑，还进入了寻常百姓家，为家庭装饰美化做出了贡献。

文艺复兴时期的雕塑通过追随古典范例，与建筑、绘画共同点燃了新时代美学意识的烽火。布鲁内莱斯基等建筑家实地研究罗马建筑，人文主义者在修道院的图书馆里检索昔日抄本，让规范的拉丁语和古人的智慧重获新生，同样，雕塑家在罗马钻研出土的饰带[1]、石棺、胸像复兴了古典风格。不过，一如建筑和绘画，雕塑最为重要的意义在于让这一时期的广大市民——而非一小撮统治者和精英人物——鉴赏雕塑作品，从中学到人的崭新视角和修养德行。

深层透视法

第三章已经介绍了文艺复兴绘画先驱乔托的绘画生涯，而马萨乔（1401—1428年）运用写实主义、自然主义以及生动而富有戏剧性的笔法，继承和发扬了乔托的风格。他的代表作是圣马利亚卡尔米内教堂的布兰卡契礼拜堂壁画（约1424—1428年），也就是题为《圣彼得的一生》的六幅组画，与吸收国际哥特主义风格的老师马索利诺（1383—1440/1447年）合作绘制。他们正式使用了透视法，将立体空间完美复刻到了平面的画面上。

马萨乔在其主笔的画作《纳税银》中，在透视法（线条透视和空气透视）的基础上高度融入了对色彩和光影的处理，利用了壁画右上方真实存在的窗户所射入的阳光，仿佛阳光真正照射在画作之中。同一处画作《施洗圣彼得》也运用了相同技法，马萨乔根据质地、体积、重量等固定规则来尝试塑造人物，因此他刻

1 水平雕刻在框缘和檐板之间的带子。——译者注

画的人物既不包含某种理念的寓意，也不是理念的象征，而是一种自然的存在，一种具备独立的肉体和精神的理性存在。

图8-4　马萨乔《圣三位一体》(新圣母马利亚教堂)

保存在新圣母马利亚教堂的马萨乔的《圣三位一体》(约 1427 年)，会让人犹入幻境，左侧廊壁仿佛敞开了一座拱形天顶的礼拜堂。完美的透视法和对人物、服饰细致入微的刻画，让这幅画亦幻亦真。

谈到透视法，就不能遗漏线条透视的狂热支持者保罗·乌切洛(1397—1475 年)。例如，他为新圣母马利亚教堂侧面“绿色回廊”绘制的《大洪水》，就使用了特殊的透视法，给不同主题或物体的集合分别设置了独立的焦点。此外，这幅画还运用了异时同图法、短缩法等技法。

下面介绍在圣马可修道院回廊绘制了多幅画作而大名鼎鼎的弗拉·安杰利科(1387—1455 年)。他不但娴熟地使用线条透视，还尝试了新技法，即利用色彩和光线等资源。其代表作之一《受胎告知》(约 1449 年)不仅遵循透视法写实地刻画了大天使加百列和圣母马利亚所在的“回廊”，还用浓淡渐变的色调表现了物体的质地，被评价为仅用色彩便创造了光线。庭院里春意盎然的花草和背后隐约可见的生机勃勃的柏树，微微欠身的两个人物之间微妙的距离，着实塑造出一个洋溢着诗情画意的秘境。

正如弗拉·安杰利科，15 世纪佛罗伦萨的画家们在展示新世界的视角时并不仅限于使用透视法，还出现了精心雕琢色彩和线条、革新哥特式表现技巧的潮流。到了 15 世纪 40—50 年代，美第奇家族逐渐大权在握，成为城市政权实际掌控者，这一潮流在该家族赞助的绘画作品中表现得愈发明显。较之于写实、动态，这些画作更注重装饰性。

弗拉·安杰利科之后，菲利普·利皮（1406—1469 年）也因为追求这种色彩和明丽的光线而崭露头角。他把线条铺满整幅画作，仿佛穷尽一切可能性的线条才是他的最终目的，使其凌驾于人物动作之上。甚至可以说人像本身都成了一种装饰，比毛皮、项链、面纱、头饰等更加花枝招展。这种线绘技法后来被波提切利继承。

有一些画家并不接受马萨乔的创新，坚持在绘画中探索其他的可能性，其中就包括贝诺佐·戈佐利（1420—1497 年）。他为美第奇宫礼拜堂创作的《礼拜基督降生的三贤人仪仗》（1459 年）犹如多个前赴后继、极具装饰性的场景组合而成的魔幻故事，完全将透视法抛在脑后。

下一代，是以剃刀一般精准、细密的线条技法和充分运用人体解剖学知识而声名大噪的波莱乌罗兄弟[1]。尤其是弟弟皮耶罗在15世纪60—70年代创作了诸多优秀的肖像画。其杰作之一《一个女人的肖像》（约1470年），用超凡绝伦的笔法刻画了由数以千计卷曲、纠缠在一起的细线所构成的头发以及缠头发的头绳，并用纤细的线条精心勾勒出珍珠宝石以及衣服上的纹理。这让画作表面明丽光润，欣赏者目不转睛。

但凡使用线条透视创作的画作，不论是谁来画，也不论是谁来看，都仿佛是对现实的复刻，所绘对象无不准确无误，整幅画作是一个井然有序的小世界。因此，这种创作就以当前的秩序能够确保正确的视角，以及相信对这一秩序能够推而广之为前提。在背后支撑着这一切的是自由城邦的共和制——一个能够代表全体市民的政体。

但是正如若桑绿指出的那样，15世纪下半叶，在事实上形成美第奇家族独裁体制，民主政体基本倒台之后，这种推崇分毫不差、照搬原貌的思想早已荡然无存。逃避现实的知识分子在异教的梦幻世界里遨游，而艺术也随之脱离了市民大众，成了仅供精

1 哥哥名叫安东尼奥，1431/1432—1498年；弟弟名叫皮耶罗，1443—1496年。——译者注

英、贵族享用之物。每个人都有权拥有正确视角的时代，在15—16世纪期间渐渐远去，用当权派的嗜好左右艺术样貌的时代到来了。

波提切利、达·芬奇、拉斐尔

在15世纪末至16世纪初这一时期，佛罗伦萨遭遇了各种危机，这段时间同时也是共和制最终崩溃，国家向美第奇专制君主制转变的政治剧变时期。犹如映衬了这一时代状况，美术作品的特点也发生了天翻地覆的变化。前一小节介绍的写实主义、自然主义等15世纪下半叶的潮流遇冷，对线条和色彩魔力的热忱成了主流。其代表画家是桑德罗·波提切利（1444/1445—1510年）。

波提切利深得伟大的洛伦佐的赏识，为他创作过许多作品。作为利皮弟子的波提切利，其早期作品（1470年的《刚毅》、1472年的《朱迪思从贝图利亚归来》以及诸多圣母子像等）就已经与写实主义背道而驰，竭力挖掘线条和色彩的可能性，力求营造梦幻般的氛围。在这些画里，我们感受不到重量和体积，人体的比例也极不协调。画中的人仿佛不是人身，仅由飞旋的布料和摇动的胴体组合而成。

波提切利受美第奇家族的另一个洛伦佐，也就是次子一支的小乔凡尼（1463—1503年）的委托，将新柏拉图主义的思想以及爱的理念，描绘成一个美丽却又弥漫着难以名状的忧郁气息的异教唯美世界，这便是15世纪80年代初的《春》和1485年前后的《维纳斯的诞生》（均收藏于乌菲齐美术馆）。前者当中，人们姿态扭曲，伸展怪异，晃动着柔弱的身躯向左侧舞动前行。他们的身体仿佛不是空间之中一个固定的形状，没有重量，也没有大小。而后者中的维纳斯站在巨大的贝壳当中，长着颀长的脖子，左肩如同脱臼了一样悬吊着，将缀满花朵的披风递给她的女神（荷莱），似乎也脚不沾地，悬浮在空中。

然而，波提切利的这些作品毫无清高、傲岸之感，虽然难以理解但却引人入胜，具有一种可以称为“市民优雅”的魅力。就这点而言，波提切利之前的弗拉·安杰利科和菲利普·利皮的作品也是如此；而波提切利的弟子将重量和形状朦胧化，用神经质般抖动的线条来表现人物和建筑，魅力四射、大放光彩的菲利皮诺·利皮（菲利普·利皮之子，约1457—1504年）的作品——收藏于巴蒂亚修道院的《圣母向圣伯纳德的显现》和收藏于柏林国家博物馆的《音乐的寓言》——同样如此。多梅尼科·吉兰达伊奥（1449—1494年）则效仿前辈画家，用流畅的线条描绘风光或讲述故事，在宗教画里展现这种市民优雅。其代表作有天主圣三教堂的《圣方济各生平》，新圣母马利亚教堂的《圣母马利亚生平》和《施洗约翰的生平》，等等。

乔托、马萨乔之后，看似沉溺于线条和色彩的装饰技巧之中，已然退出舞台的佛罗伦萨现实主义，却在16世纪初突然迎来了高峰。拉斐尔、达·芬奇、米开朗琪罗走上前台。虽然每一位都很快离开了佛罗伦萨，前往罗马或米兰，并没来得及缔造自己的画派，但他们的影响依然巨大。在接下来的一个世纪，仅仅是这三位极为短暂的逗留，便奇迹般地将佛罗伦萨推到了美术的中心。

达·芬奇（1452—1519年）出生在皮斯托亚南部一个名叫芬奇的小镇上，他14岁时进入韦罗基奥的工作室学习。1481年创作了他的早期作品，一幅为佛罗伦萨郊外的圣多纳奇修道院绘制的祭坛画《三博士朝圣》（收藏于乌菲齐美术馆，参考扉页插图），这幅画最后没有完成，但是其新颖的构图和对身体形态的描绘造成了一定反响。这幅画并未采用绘图式的透视法，而是利用呈半圆形的人物组合刻画各个空间，且绝妙地运用了光线，从而增加了空间上的深度。

第二年他前往米兰，受米兰大公委托设计、创作了诸多作品。1499年意大利战火重燃，他取道威尼斯返回佛罗伦萨。返乡的达·芬奇不仅带来了明暗细腻、构图绝妙的《圣母子与圣安妮》的画稿，还在这一时期创作了《蒙娜丽莎》。

米开朗琪罗（1475—1564年）出生于阿雷佐附近的一个村

子，不久便随家人搬到了佛罗伦萨，并在那儿度过了童年时光。他13岁时拜师多梅尼科·吉兰达伊奥，迅速崭露头角，备受伟大的洛伦佐宠爱，让他加入了“柏拉图学院”。洛伦佐死后，米开朗琪罗失去了稳定而强大的保护人，于是他不再常住佛罗伦萨，而是往来于佛罗伦萨、罗马和博洛尼亚等城市。

米开朗琪罗虽然以雕塑家的身份而声名远播，但在这一时期，他创作了现收藏于乌菲齐美术馆的《圣家》（施洗圣约翰的圣洁家庭）。不仅占据前景的马利亚的姿势非常不自然，圣母子以及圣约翰与背景里一众裸体青年的联系也不得而知，同时也忽视了透视的要求。但画面中充满力量的肉体的扭转和张力，能够让人联想到他后来的雕塑。第四章结尾提到过这两位巨匠在旧宫的竞争。

1505—1506年，米开朗琪罗应教皇尤利乌斯二世邀请回到罗马，同样是在1506年，达·芬奇也前往米兰。不过，拉斐尔从他们的作品中得到启发——加上对弗拉·巴托洛米奥作品的模仿，完成了精美绝伦的圣母马利亚和圣家族的肖像画（《金翅雀圣母》《草地上的圣母》《美丽的女园丁》《卡尼吉安圣家族》等）而备受瞩目。

在乌尔比诺出生、长大的青年拉斐尔·桑齐奥（1483—1520年）于1504年来到了佛罗伦萨。他全盘采用透视法、写诗的色彩、晕染法、外光表现、比例匀称的形态、鲜明的印象、合理的背景等前辈画家的技法，在小小的画幅中实现了有机而不可分割的均衡，以及令人瞠目结舌的自然感触。在此之前，从未有过这种绘画作品，与以往展现古典理想的画作截然不同，原汁原味表达佛罗伦萨市民面貌、气质和心情。拉斐尔也在 1508 年接到教皇诏令，前往罗马。

这三位伟大的画家虽然离开了佛罗伦萨，但是他们带来的自然主义、写实主义的潮流并未立刻断绝。很多人继续延续着这一潮流，其中最重要的就是圣马可修道院的修士，比如擅长运用明暗变化，创造了优美静谧的古典风格的弗拉·巴托洛米奥（1472—1517 年），其作品《圣人凯瑟琳的神秘婚礼》（1511 年）收藏于巴黎卢浮宫美术馆。

其他画家还有受弗兰德斯画派影响，尤为注重自然和物体的皮耶罗·迪·科西莫（1462—1521 年）。科西莫的弟子安德烈·德尔·萨托（1486—1530 年）的色彩光线运用和整体神韵俱佳，具有出色的设计能力和表现力，而且擅长营造庄重而柔和的氛围。德尔·萨托的朋友弗兰奇比奇欧（1482—1525 年）得以为人所知，不仅仅因为他的肖像画有拉斐尔的影子，还因为他用光影表现出来的纯洁、抒情的特质，以及不依赖技巧的、自然优美的造型。

在16世纪第一个10年前后至16世纪20年代的绘画领域，动人的颜色以及巧妙的色彩搭配吸引了人们的目光，与此同时，人们不再关心对自然和现实的再现，单纯依靠由技法塑造的人工美和抽象概念的造型开始成为新潮流。然而从其他角度来说，有尼德兰画派的影响，同时也是因为写实主义、自然主义过于追求完美细微的客观描绘，反倒让它们失去了生命力。这两个方向进一步发展，就将迎来“矫饰主义”时代。实际上，安德烈·德尔·萨托和弗兰奇比奇欧也可以算得上是早期的矫饰主义者。

文艺复兴已是强弩之末。

第九章

托斯卡纳大公国时代

1532—1860 年

维奇奥桥

美第奇家族，从佛罗伦萨公爵到托斯卡纳大公（1532—1737年）

1530年8月，亚历山德罗·德·美第奇重返佛罗伦萨（参考第四章），获得了神圣罗马帝国皇帝查理五世认可，1532年以“公爵”身份实行君主制（1532—1537年在位）。虽然事实上实施了君主制，但是他接受了“佛罗伦萨共和国大公”这样一个矛盾的称号，而这也不容置疑地证明了共和制传统在这座城市根深蒂固。曾经的执政团制度遭到废止，创设了由四人顾问团、公爵或其代理人组成的最高执行院。如果公爵或其代理人不在场，则不得召开立法议会（二百人议会和四十八人议会）。1293年以后，构成共和制基础的行会逐渐退居幕后，共和制彻底沦为明日黄花。

菲利普·斯特罗齐统率的自由派，试图从佛罗伦萨外部推翻亚历山德罗的“僭主制”，孰能料到亚历山德罗被洛伦兹诺·德·美第奇，美第奇次子一支——美第奇王朝始祖乔凡尼·迪·比奇的两个儿子科西莫和洛伦佐当中弟弟洛伦佐的直系子孙——的一个青年先行暗杀了。长子一脉突然断绝，于是将次子一脉的乔凡尼和伟大的洛伦佐的孙女所生之子选为君主，这便是科西莫一世（1537—1574年在位）。

精明的科西莫一世肃清了反对派，逐步巩固了君主制，并且在领地范围内的各个城市建造要塞，以增强领域国家的自卫能力。他不仅开设了新的行政机构，还将权力归拢到自己身边。尤其是在1545年成立了由司法监察人员、税制检察人员以及其他办事人员组成的集行政、司法于一身的“枢密顾问团”，相当于直属于科西莫的资政会议，权力极大。

本以为珍视共和制的市民会对君主制难以接受，但实际上，将市民转变为“臣民”的过程十分顺利：只需采取怀柔政策，给予佛罗伦萨上层阶级的有为青年们市内要职、农村统治者、外交官、将军等职务，或是给以丰厚的薪资。然后录用非名门望族的小市民阶层担当要职（正义旗手、执政官、特别委员会委员等），按照自己的目的恣意驱使，同时发掘佛罗伦萨外面的人才，提拔为官——大多数官职都是终身制。从其他角度来看，这些做法剔除了人际关系金字塔的中间层，强化了美第奇家族主导的互惠政治。从底层支撑着共和制社会文化的托钵修会、行会、兄弟会、归尔甫党、城市贵族等“社会团体”被剥夺了特权，日渐式微。

科西莫一世还在1562年创设了“圣斯德望骑士团”，推行新贵族政策。购买骑士终身俸禄或请求市民贵族身份，即可获得骑士地位。骑士团900名成员当中有1/3出身于佛罗伦萨的名门望族，其他则从中小城市或外国招募而来。

1479 年创设的 Monte di Pieta[1] 以市民存款为运营基础。科西莫时代，存款可以获得 5% 的利息，存款的中层阶级急剧增加，但在科西莫看来，似乎这些积蓄的资产都是他自己和家人、朋友等城市贵族可随意使用的贷款。共和国的慈善制度成了国家财源的金库。但是另一方面，科西莫竭力在托斯卡纳全境殖产兴业、提高福利，因而没有再出现共和制时代那样叛乱频发的状况。而且从属城市的抗拒也有所缓和。

科西莫战胜锡耶纳后，其功绩获得了教皇的认可，于是 1557 年，他在佛罗伦萨大公的头衔上又被授予了锡耶纳大公的称号，之后他对教皇施加影响并再度奏效，1569 年如愿以偿成了“托斯卡纳大公”。尽管疆域不大，却获得了能够与欧洲列强的君主世家平起平坐的身份。在科西莫长达 37 年的统治时期内，佛罗伦萨逐渐从商人城市转变为宫廷城市，从共和制转向堪称绝对主义萌芽的君主制。在更名为道奇宫的旧宫和出身卡斯蒂利亚的公爵夫人伊莲诺拉用嫁妆买下的皮蒂宫内，夜以继日地上演着奢华的宫廷生活。根据 1561 年的调查，佛罗伦萨的人口为 59023 人，而在 1589 年迅速增长到了 80000 人。

1　旨在接济穷人的公办当铺，穷人能够借走相当于典当物品价值 2/3 的金钱。——译者注

继任科西莫一世的是他儿子弗朗切斯科一世（1574—1587 年在位）。他家族丑闻缠身，却从金库里拿出 700 万斯库多银币，野心勃勃地推行扩张政策。同时振兴毛织品、丝织品（含养蚕业），把手艺精湛的玻璃匠人和织毯业者召集到佛罗伦萨。贸易日渐兴旺，工资水平也提高了，然而经济状况并未得到改善，收入减少的农民从农村流入城市，贫困人数增多，街上到处是游荡的乞丐。

1587 年，弗朗切斯科一世暴毙而亡，因为他没有亲生儿子，担任红衣主教的弟弟斐迪南还俗继任（1587—1609 年在位）。他采取稳步向前的内政和外交政策，成功地让托斯卡纳 —— 从西班牙和法国 —— 重获独立。他还开垦了瓦尔迪奇亚纳和玛尔玛的荒地，努力振兴丝织品等各项产业，而且让利沃诺成了自由贸易港和一大商品集散地，从而提升了经济发展水平。他还对犹太人和异教徒采取宽容政策，从国外来到托斯卡纳的避难者络绎不绝。

斐迪南去世后，科西莫二世（1609—1621 年在位）、斐迪南二世（1621—1670 年在位）、科西莫三世（1670—1723 年在位）、吉安·加斯托内（1723—1737 年在位）先后继任托斯卡纳大公。但是，阻碍自由竞争的腐朽行会体制，以及妨碍了资本主义发展的量产限制政策和不公平的税收系统积弊成疾，佛罗伦萨在商业上根本无力抗衡在海外实现腾飞的荷兰和英国。

1737 年，吉安·加斯托内亡故，美第奇王朝随之覆灭，佛罗伦萨乃至托斯卡纳大公国在国际政治中逐渐沦为欧洲列强扩张的棋子。那些要嫁给大公的法国、德国公主，甚至愤愤不平地说“怎么能住到那种乡下”。文艺复兴时期作为世界文化中心的辉煌灿烂，就这样在短短不到200年间成了邈远的过往。

称颂君主的建筑、雕塑和仪式

那么在美第奇家族君临佛罗伦萨的近200年间，文化又获得了怎样的发展？是否保留了文艺复兴时期遗存的风貌？

在这个时代，佛罗伦萨的社会顶点毫无疑问就是美第奇宫廷。道奇宫（旧宫）用于举行典礼和迎宾，君主家族饮食起居的宫廷则迁至皮蒂宫。在科西莫一世妃子伊莲诺拉和她的随从的影响下，宫廷生活的形式、仪式逐渐向西班牙风格演变。这种浸透着绝对主义庄严气氛的宫廷生活，犹如瀑布一般涌向全社会。已经转变为臣民的城市贵族们为了俸禄、头衔和恩典讨好、取悦大公，争夺更高的席位。

科西莫一世擢用艺术家、作家来鼓吹这个绝对主义小王朝的伟大。画家、建筑家乔尔乔·瓦萨里（1511—1574年）被任命为这个宏大计划的总设计师。最主要的工程就是道奇宫内部装饰和建造乌菲齐宫。这两项工程动员了这个时代所有具代表性的雕塑家和画家。

在道奇宫，科西莫青睐的雕塑家巴乔·班迪内利在位于中庭台阶之上的“五百人厅”雕刻了多位美第奇家族公爵和出身美第奇家族的教皇的人像，并且根据文森佐·博尔吉尼提出的图像学主题对方格天花板进行装饰，同样有多位画家参与。天花板中央的画作是《佛罗伦萨授予桂冠，胜利而光荣的科西莫》（1563—1565 年），周围的画作寓意着屈服于科西莫统治的各个领地和比萨战争（1496—1509 年）、锡耶纳战争（1552—1559 年），暗示着托斯卡纳公国作为一个领域国家疆域的扩大。

第二层（利奥十世区域）美第奇王朝君主和美第奇家族出身的教皇们的房间均刻画了值得铭记的光辉事迹；第三层（四大元素区域）的房间以希腊神话诸神的名字命名，赞美科西莫缔造了富饶的黄金时代。

乌菲齐宫邻近道奇宫修建，功能如同它的名字“Uffizi”（办公），是一座综合行政官署。计划将分散在市内各地的司法、行政办公场所、议会统一集中到这里，按照瓦萨里的设计建造工程。这里汇集了主要行会的事务所和商人法庭，还有剧院、礼拜堂。玄关处摆放着科西莫一世等历代大公的雕像。此外，乌菲齐宫于 1580 年竣工，在其建造期间，1565 年，为了能够让大公和家人往返于道奇宫和皮蒂宫时不与老百姓同路，还修建了一条高架桥“瓦萨里走廊”，这座桥也经过维奇奥桥。

科西莫一世时代，大教堂、圣洛伦佐教堂、圣十字教堂、新圣母马利亚教堂等主要教堂进行了翻修。包括为了迎合教皇厅实行的反宗教改革运动，移除了教堂内部间隔，重新绘制了祭坛画 —— 真实而有分寸地描绘简单明快的故事。领主广场逐渐出现了展示“男性性征”的雕塑群，而且每一个都融入了称颂美第奇家族的意图。

此外，科西莫的儿子斐迪南一世命令詹博洛尼亚在圣母领报广场修建了自己的骑马像。这座雕像的设置让美丽的古典主义立柱林立的佛罗伦萨首屈一指的文艺复兴空间完全换上了一副美第奇家族厚颜无耻的面孔。就这样，大批画家、雕塑家、建筑家被动员起来，参与到称颂美第奇王朝的城市改造计划中。斐迪南一世为了赞美、追思美第奇王朝的历代君王，命人在圣洛伦佐教堂后方建造了巨大的八边形纪念堂“美第奇家族礼拜堂”(参考第四章开篇页)。压轴之举是这座建筑的所有墙面均镶嵌了宝石作为装饰。

道奇宫和皮蒂宫还会利用贵族女儿结婚等机会举办奢华的宴会和舞会。尤其是宴会，最能彰显大公的权力，通过考究的餐桌布置、座次、椅子的种类来为宾客排序，宴会会遵循精心编排的程序和礼法。除了厨师长和领班，其他岗位的人都忙得团团转，送上用琳琅满目的肉类、鱼类、贝类等精心烹制的菜肴。

还会预备“惊喜”，譬如掀开餐巾飞出一只小鸟，或是奉上用可可制成的“黑馅饼”、用香草冰激凌和果汁制成的果汁冰糕等新品糕点。

除此以外，重要节日的主要活动，就是在政府的管理下举行上流阶层子弟凯旋游行和歌颂“黄金时代”的主人公——美第奇家族——的奢华的舞台剧表演，这些活动让社会君主制的秩序更加清晰可辨（美第奇家族主办的第一场官方庆典活动是1513年的狂欢节）。

由上述例子可见，大公国时代佛罗伦萨的纪念仪式，都是专门彰显美第奇王朝卓越与伟大的手段。16世纪初之前，起码在表面上共和制的理想依然深入人心，没有高低贵贱之分，也没有世代差别，市民们依然拥有一种带领意大利乃至全世界，在伟大历史（古罗马）的基础上构筑灿烂未来的气魄。这种气魄来源于每个市民与自己为之骄傲的城邦命运相系的感触。然而，在利用异端审问制度推行恐怖政治来强化王权的西班牙的影响下，佛罗伦萨的君主制被畸形的苛政严重侵蚀，市民们也只能沦为麻木不仁的人偶。

不过，古典和文艺复兴时代的遗产并没有在这一时期一蹶不振，虽然变化了姿态，但只要用心观察，依然能够在方方面面找到这些遗产佛罗伦萨式的表现方式。

矫饰主义绘画的特征

在美第奇家族统治的君主制时代，“矫饰主义”是最先居于统治地位的艺术作品风格。矫饰主义是文艺复兴风格的延续，通过运用达·芬奇、拉斐尔、米开朗琪罗等人在“文艺复兴鼎盛时期”创造的登峰造极的技艺，表现超越了客观自然世界的人文美和深远的思想，其特征包括扭曲的形态和反常的规模。可以说，这种风格也符合无路可走，在崩溃的共和政体和新确立的君主制度的夹缝中摇摆不定的社会面貌。随后到了17世纪，巴洛克风格在逐渐迎来绝对主义王权时代的欧洲兴起，并且以质朴的形式传播到了佛罗伦萨。

首先来看一看矫饰主义。绘画方面有两位重要画家，雅各布·达·蓬托尔莫（1494—1556/1557年）和罗素·菲伦蒂诺（1495—1540年），这两人都继承和发展了老师安德烈·德尔·萨托的风格。

蓬托尔莫笔下的人物身体缺乏骨架，位置关系也不明确，常常像是悬浮在画面当中。建筑和物体也没有牢固的实物感，犹如四分五裂的布景。五颜六色的衣服和纱巾的存在感最为强烈，飘来荡去，被情绪的波浪侵袭的人物一个个痛不欲生、惶惑木然。他的画风清晰地表现了反自然主义的倾向，如1528年为卡米亚诺教堂创作的《圣母访问》，收藏于圣费利奇塔教堂卡波尼礼拜堂的《基督被解下十字架》（1525—1528 年），乌菲齐美术馆收藏的《圣母子和施洗者圣约翰》（1529 年）。

罗素同样似乎是对抽象的色彩样式本身进行着精心雕琢。其绘画特征是人物不自然、不可思议的位置和姿势，对形态进行精细划分，造成人物和物体奇妙的扭曲以及浓烈鲜艳的色彩组合。罗素的代表作有《圣母子与四位圣徒》（万圣节祭坛画，1518 年）、《基督被解下十字架》（1521 年，沃尔泰拉市立美术馆收藏）、《摩西保卫耶瑟罗的女儿》（约 1523 年，乌菲齐美术馆收藏），等等。

这两位早期矫饰主义绘画代表画家所创作的祭坛画，与遵循透视法则的写实主义、自然主义风格的文艺复兴绘画迥然不同。其既没有纵深又没有宽度的空间被分割为碎片，身体表现充斥着异样的收缩、伸展和扭曲，彻底颠覆了文艺复兴式的井然有序。透视法是一种构建秩序的手段，而作为透视焦点的“眼睛”，在他们的画作当中却近乎疯狂。不知是精神错乱还是意乱神迷，眼睛不是向上翻着白眼，就是一整个空荡荡的黑洞，既没有内容，与观众也没有丝毫交流。他们的画时刻流露出一种莫名其妙的不安与崩坏的感觉，仿佛在说文艺复兴时期的秩序 —— 以及民主主义的共和制 —— 实际上只是一种空虚的“泡影”。

蓬托尔莫的徒弟阿格诺洛·布龙奇诺（1503—1572年），开创了一条新的矫饰主义之路，表现手法不再像他的老师那样离奇而神经质。布龙奇诺最出名的作品，是给科西莫一世夫妻以及科西莫身边的贵族们创作的大量精致的肖像画，这些肖像画里的人物仿佛冻僵了一般面无表情——比如《托雷多的伊莲诺拉及其子乔凡尼》（约1545年）、《卢克雷齐娅·潘恰蒂基肖像》，均收藏于乌菲齐美术馆。这些肖像都像瓷器一样光滑、亮泽，令人叹为观止，但似乎都压抑了个性，无法自如地表露感情。虽然写实，却是反自然主义风格，与一步步构建泯灭人性的官僚机构的宫廷氛围十分相符。

除了肖像画，他的杰作《爱的寓言》（1540/1545年，伦敦，英国国家美术馆收藏）当中维纳斯上身和下身都不自然地弯曲着，既不是站立，也不是坐姿或跪姿。她和儿子丘比特，象征“恶作剧”的婴儿，象征“时间”的老人等人物复杂扭曲的肉体以及玄妙的用色，让观众情不自禁地仔细端详，犹如在鉴赏一颗宝石，又仿佛是在解密一张错觉画。本应该是一幅带有肉欲的画作，但人物雪花石膏般白皙的皮肤如同大理石一样清冷，鲜明耀眼似乎只停留在表面，感觉不到血色。细节局部虽然写实，但整体却是抽象的反自然主义。

继任科西莫一世的弗朗切斯科一世性格忧郁内向，沉迷于自然奇观和炼金术，一心装点旧宫（道奇宫）里一个被称为“Studiolo”的小房间。最终，博尔吉尼、瓦萨里以及众多弟子在这个小房间留下了46幅后期矫饰主义代表性的油画——主题涉及炼金术和希腊神话、自然的四大元素和人体四液、奇技淫巧，等等。

姑且不论矫饰主义画作乍一看多么古怪，这种风格产生的根源，是对文艺复兴古典风格的和谐、匀称以及对自然的理想形态失去了信心。不过它没有将“美”的理想一并放弃。这一派艺术家反倒油然生出一种骄傲，那就是只要雕琢感觉、掌握技法，便可以创造出超越现实的完美世界。文艺复兴风格的市民艺术之所以曾经在佛罗伦萨遍地开花，是因为在共和制的前提下，行会、兄弟会、修道院、邻里组织、血亲组织等“社团”构成了艺术的政治和社会基础，也是因为在共和制的前提下，从城市贵族到小商人、工匠，在全体市民眼中，城市荣誉等同于自己家族的荣誉。当这种政治、社会基础分崩离析，艺术也只能服务于君主、贵族等特权阶层的美学思想和对异教幽深玄妙的知识的猎奇心理。

此外，基督教和艺术二者之间关系的变化也产生了一定的影响。16世纪初，卢瑟、加尔文等新教徒的出现打破了天主教在欧洲境内的垄断。在宗教改革和反宗教改革运动并存的时代，佛罗伦萨与教皇保持着亲密的关系，通过布道、祈祷、歌谣、典礼、神秘剧等形式，教诲市民们遵从阶层固化的灵性及道德生活，并塑造出多个极富号召力的圣女（多梅尼克·德·帕拉蒂索、卡特里娜·德·里奇、马利亚·玛德莱娜·德·帕齐）。

然而，一方面对抗新教派让信仰生活之中圣像的价值重新得到了肯定，但另一方面令人啼笑皆非——对歪曲的图解学的批判推动美术从宗教价值中独立出来，并且从绘画和雕塑中剥离了文艺复兴时期就已渗透了基督教人道主义的人生观、世界观和艺术表达。

雕塑和建筑的矫饰主义

雕塑方面，米开朗琪罗被认为是佛罗伦萨矫饰主义的代表人物。1526—1533年，米开朗琪罗为安置在圣洛伦佐教堂“新圣器室”的内穆尔公爵朱利亚诺和乌尔比诺公爵洛伦佐两人的陵墓雕刻塑像，留下了杰出的作品。这便是寓意雕像《晨》与《暮》（洛伦佐）、《昼》与《夜》（朱利亚诺）（参考扉页插图）。雕刻的几个人物身体扭曲，姿态不稳，摇摇欲坠，表达出一种无法慰藉的不幸。

图9-1　米开朗琪罗设计的劳伦齐阿纳图书馆门厅

劳伦齐阿纳图书馆门厅同样是由米开朗琪罗设计，后来于1560年由巴特鲁姆·亚马纳提建造完成。台阶犹如水流一般，呈现出椭圆形的曲线，张弛有度的墙壁造型也带有一种律动感。异彩纷呈的设计具体包括朝向内侧窗户，收缩在墙壁之中的成双成对的圆柱，无法放置物品的浅壁龛，没有支撑任何房梁的梁座，修饰窗缘的赫尔墨斯柱像……

规模更大的矫饰主义雕塑（建筑）则是美第奇家族的庄园。例如，位于佛罗伦萨西北郊外，1477年归属美第奇家所有并且在16世纪进行了大规模修缮的卡斯特罗庄园；又如1569年，尚且是公爵之子的弗朗切斯科一世购买的佛罗伦萨东北郊的一座丘陵，以及委托身兼建筑家、工程师、设计师数职的贝尔纳多·布塔伦蒂（1531—1608年）建造的普拉托里诺庄园。

这些庄园内部都会分为多个部分，修建洞窟［内部为空洞（洞窟）的巨大雕塑《巨人（亚平宁）》至今依然保存在普拉托里诺］、迷宫、桥梁，还会放置大地、海洋、河流诸神以及宁芙、萨蒂尔等古典风格的人像和动物雕像。庄园里还有各种利用从远山引来的水流的机械装置，它们不仅可以让喷泉喷涌，还能奏响乐器，让雕像翩翩起舞。

此外，位于皮蒂宫后侧，重建后的“波波利花园”（参考扉页插图）也是矫饰主义时代不可忽视的作品。特里波洛、阿玛纳蒂、布塔伦蒂、詹博洛尼亚等历代矫饰主义巨匠都曾参与建造过这座花园。工程启动于科西莫一世时代，耗费数十年，完成时已经是斐迪南一世时代了。

这些矫饰主义庄园和花园并不是对富饶的大自然的补充，而是一个个壮观惊人的空间，它们利用精心修剪的装饰性花草树木的造型和池塘、喷泉，以及洞窟和各种各样的机械装置，创造出一个崭新的自然世界。名副其实的神话王国，堪称最早的迪士尼乐园。然而归根结底，这里只是身为人君的公爵和他的家族，以及其他贵族消遣玩乐的乐园，绝非佛罗伦萨市民可涉足之地。

纯粹主义巴洛克

17 世纪是巴洛克世纪。为了装点皮蒂宫的大厅，从罗马聘请来的彼得罗·达·科尔托纳（1596—1669 年）绘制了华丽律动的寓意神话画。诚然，这些画作名噪一时，但是这一时代大显身手的佛罗伦萨画家的作品反而表现出彩色粉笔画那样清新的色调和轻盈流动的色彩感，利用柔和的线条和明暗技法营造出活泼灵动的氛围。这是名副其实的矫饰主义巴洛克，也可以称之为文艺复兴巴洛克。借用诗人兼评论家皮耶罗·毕贡贾利的话，“与其说是情感层面的巴洛克，不如说是心理层面的巴洛克，也就是从内部突破的巴洛克”。佛罗伦萨进入 17 世纪后依然强调“纯粹主义”，也就是绘画应当遵守“纯粹、单纯、自然”（puro, semplice, naturale）这三个原则，鼓励画家规避过多的人工干预，譬如说玷污智慧和道德的纯粹性。这就是保留了浓郁的文艺复兴传统的佛罗伦萨。

建筑领域同样如此，佛罗伦萨建筑艺术的发展与罗马、意大利南部以及托里诺等地的巴洛克截然不同。布塔伦蒂的徒弟兼合作者，继承了矫饰主义传统的马迪奥·尼戈蒂，其后的格拉多·希尔瓦尼，更晚一些的乔凡尼·巴蒂斯塔·福吉尼等人所坚持的矫饰主义艺术性，赋予了佛罗伦萨巴洛克独特的灵魂。

一些建筑还摆脱了传统的束缚，用独立建材组成墙面。典型例子就是诸圣教堂的主立面（1637 年）和戴蒂尼修会的圣盖塔诺教堂。后者教堂内外的浮雕和雕塑堪称 17 世纪佛罗伦萨新工艺文化的惊人范例。此外在科西莫三世时代，许多教堂在进行内部装饰时都谋求巴洛克式的豪华，或是在新建、翻修时追求更富于动感、更加激动人心的效果，然而其中并没有巴洛克独有的波浪形墙面，也没有色彩缤纷的天窗，也看不到对椭圆造型的偏爱。

巴洛克时代，不论是罗马、巴勒莫还是托里诺，每座城市都在大兴土木，这些工程足以让整座城市的未来发生天翻地覆的变化。而在佛罗伦萨，各个地方依然保留着近乎完美的文艺复兴建筑，因而发生的变化微乎其微。

学会时代

如上所述，科西莫一世领衔的历代大公，都把仪式活动和艺术用于彰显自己的荣光，同时为了避免学者、艺术家反抗当权派，把他们吸纳为“宫廷人士”。采取这种策略可以将他们置于国家的庇护之下，给予他们财富和地位，确保他们的荣誉，并且可以制约、监视他们。实施这一策略的“设施”正是学会。学会为佛罗伦萨首创，随后在绝对王权治下的欧洲列强中逐渐推广开来。

早在文艺复兴时期，老科西莫就创设了学者们私人聚会性质的学会，这便是皮科·德拉·米兰多拉和费奇诺参加后声名远播的柏拉图学会，而率先推动学会进行官方制度改革的则是科西莫一世。如同以宫廷为顶点的政治、行政世界，学会里也增加了官僚级别，拓宽了活动范围，其结果就是学会成了宫廷的一个附属机构。以下是三个诞生于 16 世纪，具有代表性的学会。

首先是成立于1540 年的“佛罗伦萨学会”[1]。这个学会是在人文主义者、历史学家兼诗人贝内迪托·瓦尔基的指导下成立的一个官方机构，目的是振兴佛罗伦萨这个曾经拥有过但丁和薄伽丘

---

1 Accademia Fiorentina，当时为“德利·乌米迪学会”。——译者注

的城市的文学运动，推广托斯卡纳语，使之成为意大利全境的标准语言。学会总部设在旧宫（道奇宫）。学会的成员 —— 著名文学家、知识分子，以及神职人员、科西莫一世的亲信等 —— 不仅创作俗语文章，还讲解彼特拉克的作品。

这个学会与佛罗伦萨大学合二为一，学会里不仅可以发表公开演讲，学会会长还兼任大学院长，负责给优秀的意大利作家颁奖。1547 年，学会根据科西莫的意愿进行改革，之后与君主及国家的联系更加紧密。

第二个学会是 1563 年由当时美术界的泰斗瓦萨里创建的“美术学会”（Accademia del Disegno），同样获得了科西莫的支持。这个学会的目的是把艺术家从行会的制约里解放出来，确定建筑、雕塑与绘画合理的发展状态，并且要将那些与其他臣民相比更加自由散漫的艺术家登记在册、加以管控，让他们成为臣服于宫廷的专家集团。作为一个追求艺术和教育自由理想的机构，这个学会一直延续到了今天。

第三个学会是 1582 年创建的“秕糠学会”（Accademia della Crusca）。这个学会的目的是修编词典，形成纯正的意大利语。这个学会虽然自命为意大利全境语言文字的裁决者，却竭力保护佛罗伦萨当地语言的权威性，甚至还把宣称“锡耶纳圣女卡特里娜的文章超越了薄伽丘”的剧作家逐出了大公国的领地。《秕糠学会词典》于 1611 年首次出版，之后多次再版。尤其是于 1729—1734 年出版的第四版，分为六卷，每一卷都卷帙浩繁，历经长达 15 年的修订才大功告成。

此外还有很多出于类似目的而设立的学会，其中大部分是以文学为中心，致力于通过演讲、讨论来促进全学科学术的发展。例如，1586 年设立的“阿特拉蒂学会”，目的是注解但丁和薄伽丘的作品，以及保持托斯卡纳语言的纯洁性。

伽利略的活动和科学学会

文艺复兴时期的佛罗伦萨已经出现了诸多画家，其中包括数学家兼地图绘制专家保罗・达尔・波佐・托斯卡内利（1397—1482 年），他不仅擅长数学、几何学，而且对解剖学兴致盎然，还将这些知识应用到人体绘画当中。还有设计出超前于时代的新发明的达・芬奇。也许是得益于这些传统，布塔伦蒂等取代神明、改造自然，塑造了惊世骇俗的花园的工程师、建筑家们，在进入美第奇大公时代后，依然能够大显身手。

佛罗伦萨的一些故事直接关联着近代自然科学，这些事都与伽利略・伽利雷（1564—1642 年）有关。他是帕多瓦大学的教授，坚持用亲手制作的望远镜进行观测，1610 年，他发现有四颗卫星围绕木星公转。他将其命名为“美第奇星”，并将自己的发现整理为《星际使者》一书，献给了佛罗伦萨的科西莫二世。伽利略因此被任命为比萨大学的数学教授，同时以宫廷特聘数学家兼哲学家的身份被邀请到了佛罗伦萨。

伽利略亲手组装过多个望远镜，而佛罗伦萨有工艺娴熟的冶金和制造玻璃的工匠——比如维奇奥桥上的贵金属商人巴斯蒂亚诺·古蒂和玻璃工匠安东尼奥·奈利——因而更加方便。在科西莫二世和斐迪南二世的庇护下，伽利略领取年薪，在1610—1642年——其间也曾前往比萨、帕多瓦、罗马等地——旅居佛罗伦萨城区及郊外。他一边因被人妒忌和涉嫌异端学说而遭到迫害，一边坚持天体观测，反复实验，归纳整理天文学和物理学著作。

1657年，埃万杰利斯塔·托里拆利和温琴佐·维维亚尼创设了“科学学会”（Accademia del Cimento），学会继承了伽利略的研究方法，并获得了自诩为伽利略弟子的斐迪南二世以及他的弟弟公爵之子利奥波德（红衣主教利奥波德·德·美第奇）的认可。聚会通常在皮蒂宫举行。17世纪末，欧洲出现了很多科学学会，但这个佛罗伦萨的学会首开先河。

意大利最优秀的科学家不仅云集于此，还与惠更斯、珂雪、斯丹诺等外国科学家建立了书信往来，于是他们都成了会员。会员们进行了诸多实验，这些实验主要集中在测定温度、气压以及压缩空气等领域。1667 年学会停止集会，当年担任理事长的洛伦佐·玛伽罗蒂汇总了学会的活动报告。因为新任君主科西莫三世没有认识到科学的重要性，所以 1670 年以后，这座城市的科学研究便走上了下坡路。

哈布斯堡-洛林时代（1737—1860 年）

1737 年，美第奇家族末代大公吉安·加斯托内亡故，因为后继无人，经列强商议，洛林大公弗兰茨·斯蒂芬当选托斯卡纳大公。佛罗伦萨坚守了几个世纪的独立自由，就在这一刻灰飞烟灭。弗兰茨是哈布斯堡家族玛丽娅·特蕾莎的丈夫，1745 年就任神圣罗马帝国皇帝。因为他住在维也纳，所以托斯卡纳大公国处于“摄政议会”领衔的多个议会和以伦巴第人为中坚的军队的管控之下，而且大公国的领地虽然没有并入帝国领土，但实际上已经沦为奥地利的一个地区，成了神圣罗马帝国的卫星国。

1765 年弗兰茨皇帝去世，其三子彼得罗·利奥波德继任大公后，托斯卡纳大公国才重新从帝国独立出来。利奥波德在其统治的 25 年间，提出了“启蒙专制君主”的理想，在司法、农业、商业等领域稳步而坚决地实行开明、进步的政策，进行合理改革。而且在这位贤明帝王身边辅佐的不再是过去那些大地主，而是大学教授、法律专家和开明的神职人员。利奥波德希望借助历史学、经济学、自然科学等学术为杠杆推动社会发展进步，自然也重温了佛罗伦萨在中世纪、文艺复兴时期光辉璀璨的知识传统。为了用科学振兴农业，新设“农艺学会”，还敕令国立古文图书馆制作藏书目录，推动分类整理工作。1775 年，皮蒂宫旁建起了欧洲第一座科学博物馆。

大公废除了妨碍劳动和商品流通自由、阻碍经济发展的积弊已久的行会组织，整顿多如牛毛的修道院、兄弟会等宗教团体，在空余土地上新建慈善医院和教育设施。还在 1770 年创立了意大利第一家工商总会。除此以外，还新建、翻修了一大批公园、公共建筑，将道路铺设和排水设施的维护管理纳入公共事业范畴。城市规划让城市布局更加规整与合理。利用煤油灯和反光灯进行城市亮化，可以称之为名副其实的“启蒙”时代象征。

1790 年，利奥波德成了神圣罗马帝国（奥地利）皇帝，之后其次子斐迪南三世接替他成了托斯卡纳大公。恰逢法国大革命爆发，整个欧洲一片混乱。尽管新任大公付出了诸多几乎反复无常的外交努力——譬如拒绝加入反法同盟，也依然未能阻止 1799 年拿破仑率领法军占领托斯卡纳和佛罗伦萨。1801—1807 年，佛罗伦萨成为伊特鲁里亚王国首府，但实际上只不过是拿破仑帝国一个小小的“省”的首府。1809 年，拿破仑的妹妹埃莉萨·巴西奥克希成为托斯卡纳大公国的女大公，带来了拿破仑法典、中央集权的行政组织、路网管理、税制、征兵等一系列法兰西制度。

1814年拿破仑战败后，斐迪南三世复位，尽管在政治上软硬兼施，但在法兰西统治期间自由思想萌发的知识分子阶层依然奋起反抗屈从奥地利的大公，在佛罗伦萨，他已经失去了民心。1824年，他的次子利奥波德二世（1824—1859年在位）取代了他的位置。利奥波德二世在位期间，工业革命浪潮逐渐波及意大利，托斯卡纳开始在佛罗伦萨和里窝那之间修建铁路，1848年建设完成。

然而同年，起于法国、动摇欧洲的1848年的革命风暴也吹到了意大利，各地纷纷起义反抗奥地利，这便是第一次意大利独立战争。但是由于教皇和那不勒斯国王退出联军，原本对立宪运动、自由主义政治表示支持的大公利奥波德二世也掉转矛头，撕毁了保障所有宗教信仰的市民各项权利的1848年宪法。随后佛罗伦萨再度被划入奥地利版图。

不过在此期间，撒丁王国领导的“意大利统一运动”不断高涨，1859年4月，旨在摆脱奥地利、实现意大利解放的第二次意大利独立战争打响了。托斯卡纳大公虽然宣布立场中立，但是大公国的大多数民众都希望为意大利统一出一份力。手持三色旗的群众涌向皮蒂宫，逼迫利奥波德退位，4月27日，利奥波德离开了佛罗伦萨。

佛罗伦萨在大公尚未正式退位和放弃统治权时便已成立了临时政府，并跟随撒丁王国和法国参加了对奥作战。1860 年 3 月，经过全民投票，决定将托斯卡纳并入撒丁王国，4 月 16 日，维托里奥·埃马努埃莱二世进入佛罗伦萨。次年 2 月，佛罗伦萨失去了之前的高度自治权，10 月并入了已完成制度性统一的意大利王国。

值得关注的是 1861 年 9—12 月，意大利在佛罗伦萨举行第一届国内博览会，各个地区的物产汇集于此。同年，先后在撒丁王国和意大利王国从事政治、外交工作的塔帕雷利·德·阿泽利奥表示，佛罗伦萨是意大利硕果仅存的文明之源，又是意大利语的故乡，应当定为首都。而在 1865 年，这句话变成了现实。

自由与进步的学术中心

通常对最后一位美第奇大公吉安·加斯托内时代（1723—1737 年）的评价都颇为恶劣。政治分崩离析、坠入谷底，经济停滞，学术废弛，似乎一无是处。但是有些见解认为这些评价过于片面，其实他非但不是醉生梦死的昏君，反而解放言论，对文化革新做出过重大贡献。他在时代的推动下救济贫民，保护犹太人，废除政治警察，牵制惑乱朝政的天主教势力，文化生活以比萨大学为核心，实行改革——强化（像伽利略那样）运用实验方法的传统，重视语言文献学、考古学，研究自然法和罗马法。

早在上一代科西莫三世时代的1716年，大公的忠臣、旅行家安东尼奥·米切利就创建了“佛罗伦萨植物学协会”。进入吉安·加斯托内时代，法国物理学家、哲学家伽桑狄的文集（1727年）和前文提到的《秕糠学会词典》第四版均已出版。此外希望探究如何考证、调查文化遗产及相关史料的贵族、文学家们组成了“鸽箱协会”（1735年）。其他佛罗伦萨学者和自由学术爱好者于1635年成立的“学术协会”同样活动不断，十分活跃。此外，还有许多新成立的协会和私人社团都提出了文化目标。这些组织层出不穷，让人文主义的学术理念在市民中扎了根。

吉安·加斯托内不仅容许这些侵蚀权力的文化活动，甚至将思想观念和自己并不相同的文人召集在身边，从美第奇家族独裁统治的角度来说，这种行为堪称自杀。但他的做法让佛罗伦萨上溯至中世纪、文艺复兴的光辉灿烂的文化传统得以移植到近代，厥功至伟。当时人们对曾经的共和制满怀向往，反贵族情绪高涨，怀揣这些理想的新市民团体的萌芽，在私宅、书店、图书馆、郊外的庄园、咖啡馆、柠檬果汁店如雨后春笋般冒了出来。其中知名的有位于市区中心加斯奥利街的“瑞士人咖啡馆”、宾馆“波特·罗莎”、圣马利亚街的“孔雀咖啡馆”，等等。随着这种进取风气扩散开来，此前从宫廷辐射至社会的西班牙风俗慢慢消逝。

在这些知识分子形成的新圈子和响应民众的声音而成立的团体中，也聚集了很多共济会成员。共济会成立之初，积极加入的主要是土地贵族，19 世纪后小生产者和地主成了骨干，而 1861 年意大利统一之后，小资产阶级崛起成为主流。共济会联合了广大阶层市民，谋求拓展纽带、实现系统化，以此在与天主教沆瀣一气的土地贵族的经济、政治、文化主导权中制造裂痕。众所周知，时至今日，佛罗伦萨依然存在众多共济会和分部（Lodge）。据统计，“意大利大东社”有 44 个分部，“耶稣广场”有 26 个分部。这个传统可以追溯到吉安·加斯托内时代。

进入 19 世纪，尽管意大利独立的观念已经成为知识分子言必提及的话题，依然会有自由主义者或文学家从外地来到总体氛围较为宽松的佛罗伦萨避难。1819 年，瑞士人焦万·彼得罗·维约瑟索斯在天主圣三广场的布恩戴尔蒙蒂宫开设了“维约瑟索斯阅读室”。

这是一种知识分子的传阅图书室兼聊天室，摆放着各国语言的报纸、杂志和书籍，也可以进行文学、科学讲座和讨论，除了佛罗伦萨市民，最受英国人和美国人欢迎。佛罗伦萨能够名副其实地成为一座国际色彩浓厚的文化城市——当时也被称作“意大利的雅典”，这个沙龙功不可没。意大利各地意气风发的年轻知识分子聚集在这里侃侃而谈。为了让更多人了解这个聊天室的思想观点，维约瑟索斯在 1821 年创刊自由主义杂志 *Antologia*，但是 1833 年，该杂志在奥地利当局的压力下停刊。

无论如何，得益于中世纪和文艺复兴时期以来独一无二的学术传统，18 世纪至 19 世纪上半叶，佛罗伦萨是意大利——不，是欧洲的学术中心之一，是众多外国知识分子必选的旅行目的地和旅居之所。

音乐之都佛罗伦萨

本章最后将介绍大公国时代佛罗伦萨享誉世界的另一项文化活动——音乐。

佛罗伦萨早在 14 世纪就兴起了中世纪音乐的新曲风“新艺术”（Ars Nova）运动，成了欧洲榜上有名的音乐中心。而且诞生了诸多世俗音乐，如风琴演奏家弗朗切斯科·兰迪尼的《叙事歌》（*Ballade*），乔凡尼·达·卡夏作曲的《牧歌》（*Madrigale*）等。同时期更具浓厚大众色彩的宗教歌谣劳达赞歌、狂欢节歌、换装庆典曲、独幕轻歌剧（Farsa）、三部曲等一直流传到了 15—16 世纪。之前在第五章已经介绍过的劳达兄弟会，在 15—16 世纪，还会聘请专业歌手和风琴手，演奏正式的复声音乐。

16 世纪末，巴尔迪家族的音乐“同好会”开始活跃起来，凭借聚集在那里的文学家、音乐家的努力，重现古希腊遗风，用水乳交融的语言与声音替代了几个世纪以来一直熠熠生辉的复声音乐风格，让带伴奏的单声部乐曲逐渐为人所喜爱。近代和弦的根本要素，被称为“调性”的新音乐体系正在逐步发展。朱利奥·卡契尼和雅各布·佩里是当时佛罗伦萨具有代表性的作曲家。

1598 年狂欢节，高尔西宫演出了奥塔维奥·里努奇尼编剧，佩里作曲的《达芙妮》，这是世界历史上第一部歌剧（不过近来有观点认为大天使拉斐尔兄弟会在 1585 年演出的音乐对白剧才是最早的歌剧）。

毫无疑问，美第奇宫廷是音乐中心之一，歌曲、器乐、舞曲，八音迭奏，珠落玉盘。17 世纪上半叶服务美第奇家族的弗朗切斯科·卡契尼就是一位杰出的女性作曲家。美第奇家族对戏剧也投入甚巨，美第奇宫、庄园、室外广场、庭院都用作剧场，而且 1586 年还在乌菲齐宫内部定制了一个可容纳 3000~4000 人的常设私人剧院。

17 世纪下半叶，佛罗伦萨开办了戏剧学会，建造了考克迈罗（Cocomero）剧院和佩尔戈拉剧院，斐迪南二世积极保护并推广歌剧等措施令人瞩目。下一个世纪，小提琴的演奏技法取得了发展，佛罗伦萨诞生了弗朗西斯科·玛丽亚·维拉契尼等优秀的小提琴演奏家和作曲家。此外18—19世纪伟大的歌剧作曲家路易吉·凯鲁比尼同样出生在佛罗伦萨，他在法国度过了大部分创作生涯。

18世纪末，新古典主义音乐理论在佛罗伦萨获得了长足的发展，众多作品问世并在音乐会中演出。9月和1月的主显节都会在五个剧场开启歌剧季。即便是在其他季节，同样天天都能听到音乐演奏会和清唱剧。这些都是流行音乐，早就不是美第奇大公统治时期那种宫廷音乐。19世纪是室内音乐会的黄金时代，组织音乐会和会演的音乐文化团体、机构不可胜数。从20世纪初延续至今的国际文化活动“佛罗伦萨五月音乐节”传承了美第奇家族和洛林家族的音乐传统，特别是依然坚持在佩尔戈拉剧院表演歌剧。

第十章

近现代的苦恼与辉煌

1861 年以后

伴随着意大利国家统一，佛罗伦萨不再是自治城市，也不再是君主制领域国家，而是成了 20 个大区之一托斯卡纳大区的首府，同时是佛罗伦萨省的政府所在地，自此，佛罗伦萨走上了新的道路。因此所谓“佛罗伦萨历史”，从现在开始，大多不过是意大利历史的一部分，在文化现象方面也只不过是欧洲整体潮流的一部分而已。

成为意大利王国的首都（1865—1871 年）

1861 年 3 月，除了威尼斯和罗马（教皇国）之外的意大利各个地区均并入撒丁王国，全部意大利半岛和岛屿基本统一为一个王国。其中当然也包括佛罗伦萨。问题在于罗马的举措。1848 年革命后，罗马陷入一片混乱，马志尼宣布成立罗马共和国，当时，拿破仑三世自 1849 年 7 月以来 —— 应教皇庇护九世（1846—1878 年在位）之邀 —— 派遣的法军依然驻扎在罗马。为了让驻扎罗马的法军撤退，1864 年 9 月，意大利在法国枫丹白露签署条约，条件是不得将罗马定为新国家的首都。因此意大利决心在半年内将新生意大利王国的首都从托里诺迁到佛罗伦萨，而且也的确完成了迁都。

跟随首都从托里诺来到小城佛罗伦萨的，还有大批皮埃蒙特的官僚和他们的家属。佛罗伦萨约 15 万的人口一下子增加了 3 万人。王宫和各个官厅设置在哪儿，新增人口如何安置，都迫在眉睫。王宫设在皮蒂宫，议会和外交部门设在旧宫，内政部门在美第奇宫，大型修道院（圣十字教堂、新圣母马利亚教堂）也都改头换面成了办公场所。

为了解决刚来到这座城市的人的居住问题，佛罗伦萨进行了大规模的城市改造。这项宏大的工程交给了才华横溢的建筑家朱塞佩·波吉（1811—1901 年）。他参考了塞纳省主官奥斯曼同期实行的巴黎改造计划，开始实施被称作"复兴"的城市改造。将城墙外围 3 公里的范围并入城区，将城区面积从 6 平方公里一口气扩张到 44 平方公里。拆除了阿诺河右岸 13—14 世纪的城墙，铺设宽阔的环形道路和林荫道。然后修建米开朗琪罗广场和贝维德雷要塞，还建造了一条绝佳的步行道路"希尔斯大街"（Viale dei Colli），走在这条街上，能将城区一览无遗。

城市中心地区（尤其是旧市场周边）是大规模重建的对象。因为这里的大街小巷错综复杂，临街除了破破烂烂的商店、房屋，还有贵族的宫殿、塔楼，行会总部以及从前的贫民窟，已经成了三不管的地段，而且始终没有得到改善。他将这些建筑全部拆除，修建了一座巨大的广场，就是现在的"共和广场"。这一复兴计划一共拆除了 26 条街道、20 座广场、21 座公园、341 户住房、451 座作坊、店铺、173 座仓库。强制搬迁了 1778 个家族，

5822人。而且为了美化城市，把没有完工的老建筑都修建完毕。为大教堂修建了主立面，圣十字教堂也增建了钟楼。每一条街道都安装了煤气灯，夜晚也变得明亮起来。

城市改造工程始于1865年，五年之后，城市景观焕然一新。之后的1888年3月，“佛罗伦萨中心地区翻修”项目获批，又用了大约十年时间基本完成了城市复兴。后文也将会介绍，意大利的首都在1871年迁回了罗马，因此涉及皮埃蒙特官僚的住房问题早已得到解决……

正如第七章所述，几个世纪以来，旧市场一直都可以称得上是佛罗伦萨人的胃。然而重建之后，市场搬到了圣洛伦佐教堂的东北边。新市场计划交给了建筑家朱塞佩·门戈尼。他借鉴巴黎中央市场的钢筋、玻璃展示柜和自己参与过的米兰拱廊商街进行了设计。而后在1874年，他用钢铁、玻璃、木材创造出一个高约30米，顶部是巨大窗户的广阔、明亮的空间（参考扉页插图）。铁拱周围用于装饰的植物花纹非常精致，别具魅力。竣工两年后，市场返回原址重新开业。

英国人的城市

19世纪中叶，佛罗伦萨成为外国旅行者的心之所向。欧洲各国的知识分子纷至沓来，常年居住，形成了殖民地。其中英国人尤其多，据说19世纪下半叶，约20万人口当中有3万是英国人。而且沙龙和茶会之风盛行，出现了大批给这些英国人提供餐饮（米布丁、烤面包）的旅店和商店，红茶、点心、衣服、书籍、网球拍等一应俱全。

1855—1856年旅居佛罗伦萨的法国作家龚古尔兄弟，把佛罗伦萨称为一切都对英国人笑脸相迎的“彻头彻尾的英国人的城市”（《近期的意大利》）。不过美国人和德国人似乎也不少，同样是来自法国的作家瓦莱里·拉尔博借小说主人公之口大发感慨，佛罗伦萨“是一座按照意大利文艺复兴风格建造的、奇妙的美国城市，德国人多得不得了”（《巴纳布特全集》，1913年）。

意大利统一之后，来这里的外国人就更多了。想要在这里寻找创作灵感的作家也很多。例如，乔治·艾略特的《罗慕拉》（1862/1863年）和亨利·詹姆斯的《一位女士的画像》（1881年）。此外，英国维多利亚女王对佛罗伦萨情有独钟，曾三次来访。造访佛罗伦萨的外国人白天在咖啡馆或俱乐部一边品着咖啡、巧克力，一边交换信息、谈天说地，到了晚上就去剧院观赏戏剧、歌剧。

这些英美的文人、知识分子为什么大举奔赴佛罗伦萨呢？或许就像英国艺术评论家约翰·罗斯金在《佛罗伦萨的早晨》（1875—1877年）一书中所说——这一观点被后来维多利亚王朝时期的文人反复提及，在迷失了方向的北方艺术与缺乏勇气和美德的南方艺术之间，佛罗伦萨是一个“把北方人的炽烈导向平和的艺术，用慈爱的火焰点燃东罗马人的梦想”，一个能够诞生理想艺术的、神奇的地方。

也许对于像他这样的19世纪的大部分文人来说，佛罗伦萨似乎是一座所到之处都美丽且让人无比快乐的城市，不管它是否宜居。他们在整座城市里徜徉、漫步，捕捉每一处的美，为梦幻而意乱神迷，仿佛奇马布埃、乔托、多纳泰罗、米开朗琪罗就在身边。

为了自己的荣誉创造美，终日探讨、批评美的意义，文艺复兴时期的佛罗伦萨人已经一去不复返了，身处对外大张双臂，已经成为记忆和欣赏美的地方的佛罗伦萨，聆听着外国人的啧啧称赞，此时市民们会作何感想？

先锋派佛罗伦萨

1870年10月，根据居民投票结果，以压倒性多数赞成票，决定将罗马并入意大利王国，次年罗马成为统一后的意大利的首都。让出了首都宝座的佛罗伦萨人口骤减，经济也陷入停滞，重新成为一座地方性城市。但不再是首都并不完全是坏事，因为美术馆、学会进驻了闲置的宫殿。

在社会问题堆积如山又一筹莫展的佛罗伦萨，境遇凄惨、苦苦挣扎的无产阶级掀起的工人运动愈演愈烈。因为人口增长，1905—1913年，佛罗伦萨建造了约两千栋廉价租赁住房。

这一时期，佛罗伦萨在文化方面成了意大利先锋派运动的圣地。早在1864年，法国文人伊波利特·丹纳在《意大利游记》中写道："佛罗伦萨人就像过去（罗马）皇帝统治下的雅典市民一样，才华横溢，充满了旺盛的批判精神、灵敏的感觉。他们在十四行诗和学会中操持着已是意大利规范用语的语言，以及在文学、艺术领域的那种单刀直入的判断力，都令人自豪……他们的才华是与生俱来的，纵有折损，也不至于毁坏。"

或许是法国和英国文人们的宣传所致，佛罗伦萨不仅因被视为文艺复兴艺术之都而浸润往昔的荣光，而且在19世纪下半叶至20世纪初成了人文主义之母，声誉大振，获得了国际性认可。先锋派运动就在这样的背景下蓬勃发展起来。虽然早在19世纪70年代，先于佛罗伦萨的米兰知识分子运动就已经开始，但是佛罗伦萨的运动一直持续到了20世纪20年代，产生了强大而深远的影响。

这场运动的核心推动者有朱塞佩·普雷佐利尼，以及他的朋友乔凡尼·巴比尼、阿尔登格·索菲奇。他们如今虽然名气不大，当时却光芒万丈，比起邓南遮和马里内蒂毫不逊色。他们于

1903 年创刊杂志 *Leonardo*，点燃了先锋派运动的烽火，他们的目标是让这座城市的文化水准能与巴黎、维也纳、柏林并驾齐驱。

聚集在这一名号下的年轻人大胆且概括性地提出了政治、艺术、文化、哲学的构想。他们既拥有全球视野，同时又怀揣着强烈的、佛罗伦萨人独有的意识，因为他们对托斯卡纳风光和传统的农民生活培育出来的质朴美德心驰神往。这些年轻人囊中羞涩，出身又非大富大贵，因而他们的运动被当时的政治、学界精英嗤之以鼻，然而这场运动却成了改变佛罗伦萨乃至整个意大利政治文化的星星之火。

继 *Leonardo* 之后，佛罗伦萨又发行了 *La Voce*（1908 年创刊）和 *Lacerba*（1913 年创刊）两种杂志，这两本杂志将佛罗伦萨导向追求学术威望和文化声誉之路。的确，这些杂志充满了质疑与求知的活力。

按照杂志上年轻人的说法，19 世纪出现在佛罗伦萨的只不过是腐朽无能的贵族精英支持“温和主义”（moderatismo）而形成的一种文化，这种文化阻止人们靠近“公民社会”，其结果就是 19 世纪末公共空间日渐萎缩，扭曲的近代化显露身姿……先锋派运动就是要打破这一现状。尽管他们被讥讽为狂妄自大的现代主义者的无稽之谈，但是他们对唯大公马首是瞻的官制学问和科学实证主义文化暴风骤雨般的批判，着实酣畅淋漓。两本杂志都收获了热心的支持者，似乎很快就要成为意大利最重要的先锋派杂志。

但是也有人指出，他们这种超脱于现实政治之外的做法，在不经意间为法西斯主义推波助澜。第一次世界大战（1914—1918年）后，工人运动和他们左翼党派的旗帜越发鲜明，左派和右派还爆发了冲突。然而，1920年，法西斯主义者贝尼托·墨索里尼（1883—1945年）在佛罗伦萨建立支部，不到两年时间就成为意大利最大的据点。1922年10月，墨索里尼进攻罗马，为了配合其行动，佛罗伦萨的法西斯控制了战略位置重要的建筑、火车站、通信基地。至此黑衫党暴虐横行，抵抗运动转入地下，最终被完全镇压。

美食实现的意大利统一

统一后，佛罗伦萨向全意大利贡献的不仅有先锋派运动。事实上，有一本在这里土生土长的饮食著作发挥了划时代的作用。这便是雷古利诺·阿图西（1820—1911年）的《料理的科学和吃得好的艺术》（1891年）。我已经在《世界饮食文化15：意大利》一书中对此予以论述，下面仅重复一下要点。

阿图西先后在里窝那、佛罗伦萨生活了半个多世纪，从事过银行业。他辞去这份工作之后，利用当时已经四通八达的铁路线和邮政网络搜集意大利各地传统美食的信息，从中挑选不受地域限制、受众广泛的菜谱汇集成书，就是前文提到的那本书。由于不断与女性读者通信，菜谱越来越多，所以每次的再版书都会更厚。

这本书中的菜谱仅收录那些以中产阶级、小资产阶级的财力购买起来绰绰有余的食材，而且对地方菜进行了妥善的编排，他希望能够像伟大的浪漫主义作家亚历山德罗·曼佐尼（1785—1873 年）用语言统一意大利那样，用美食让意大利人的心灵凝聚在一起。之后他赋予了意大利菜必不可少的几样菜谱 —— 比如马铃薯意大利面 —— 权威性，将其设定为一品国民料理，而且番茄酱和意大利面能够成为雷打不动的固定搭配，同样要归功于他。

他的饮食著作使用的是平实易懂的意大利语，一时间洛阳纸贵，这本书成了每个家庭的必备书籍，因此也发挥了通用意大利语教科书的作用。意大利各地的方言混乱不堪，据统计，意大利统一伊始，会说“意大利语”的仅有 2.5%。阿图西的饮食著作恰逢国家完成统一后不久，爱国主义、纯洁国语论（purismo scolastico）以及教育热潮高涨之际，因而他对语言问题异常敏感。

他用简明自然的话语告诉托斯卡纳农民，他们应该掌握悦耳动听的语言，在讲授烹饪技法时，将各地方言、粗话、黑话、外语全部移植到“意大利语”并加以驯化，便是他选择的道路。

例如，要表达“腌泡”，他不会用伦巴第方言“in carpione”或“scorpionato”，而是统一使用“marinato”。他想要一次实现语言的合理化、平均化和统一化。前文提到，“秕糠学会”以编纂一部公认的意大利语词典为己任，二者的作为难道没有异曲同工之妙吗？

马基亚伊奥利画派之后

从中世纪到文艺复兴时期，先锋派运动仿佛让处于共和制时代的佛罗伦萨的磅礴气势，在意大利这个更大的舞台上再度熊熊燃烧。另一边阿图西的美食著作里所包含的旨在统一意大利语言的课程，同样遵循的是但丁、比特拉克、薄伽丘前赴后继，将佛罗伦萨的托斯卡纳语完全锤炼为“意大利语”的中世纪晚期及文艺复兴时期以来的传统。

那么举足轻重的佛罗伦萨美术又何去何从？是自豪地坚守文艺复兴光辉的遗产，沦为一座仅仅是向人炫耀、沾沾自喜的回忆之城，还是让创造的新风扑面而来呢？在将所有筹码押在后者的艺术当中，最值得关注的就是被称作“马基亚伊奥利”的画派。

托斯卡纳大公国时代，美术界要接受学会主导的中央集权统治，根本没有自由创作的空间。但是到了19世纪初，大公的权力基础渐渐松动，反学院派的洪流肆意奔涌，美术学会的权威日渐倾颓。而且在宽松的政策下，自由主义、进步派恢复了元气，艺术家们开始在米开朗琪罗咖啡馆聚会，讨论艺术应有的样貌。佛罗伦萨也有不少艺术家参加了1848—1849年的革命运动。

在这样一片改革的气氛当中，到了19世纪50年代，大部分注重色彩和明暗对比、协调的画家崭露头角，“马基亚伊奥利画派”开始形成。这个团体最早的大本营是佛罗伦萨东面郊外田园地带的皮亚琴蒂纳，那里的田野绿草茵茵，舒缓的斜坡一直延伸到阿诺河，目之所及，一片盛景。为了精准地捕捉这种景色，展现自然近在眼前的诗情画意，画家们抛弃了需要运用线条的素描手法，改为在画布上点缀“斑点”（Macchie）。这是意大利版本的印象派。除了皮亚琴蒂纳拥有纯洁无瑕的自然风光，全景铺开，令人叹为观止的利古里亚海岸边的卡斯蒂利翁切洛也让他们魂牵梦萦。在自然景观之外，日常生活的方方面面，譬如房间里或家庭生活的某个场景，他们都乐于将其描绘出来。

马基亚伊奥利画派的画作在19世纪60年代达到顶峰，而后一直持续到19世纪末。然而意大利统一后，共和主义理想（马基亚伊奥利画派全员拥护）也陷入危机，该画派逐渐解散。不过这一画派的作品至今大多仍保存在皮蒂宫的“近代美术馆”。

19世纪末至20世纪初，生活、文化飞速变化，这一时期印象派、前拉斐尔派、真实主义、象征主义、新艺术派铺天盖地纷纷涌入意大利画坛。不过在佛罗伦萨，犹如返祖一般的历史画岿然不动，马基亚伊奥利画派则踪迹难觅。即便是第一次世界大战前夕席卷米兰和罗马画坛的未来派，在这片文艺复兴发祥地的扩张也极有分寸，对印象派有着很深的敌意，而且颇忌惮当地传统。此外，他们对色彩表现狂野的野兽派和带有一种原始主义风格的“纯粹主义”（purismo）表现出了浓厚的兴趣。

此外，由于“二十世纪新建筑运动”的影响，恰好在两次世界大战期间的法西斯主义时期，佛罗伦萨建造了多座令人刮目相看的大型建筑。之所以如此，是因为佛罗伦萨在这一阶段发挥了它作为商业和旅游城市的优势，并且顺利翻修了中心城区的建筑。这些建筑有皮埃尔·路易吉·奈尔维设计的坎波·德·玛尔特体育场（1932—1934年），乔凡尼·米凯卢奇（Giovanni Michelotti）设计的新圣母马利亚车站（1933—1935年）、国立中央图书馆和贝卡里亚广场的法西斯青年团部（Casa del Balilla，1936年，今已拆除）。其中新圣母马利亚车站是意大利理性主义建筑的著名杰作。

14—16世纪，佛罗伦萨曾经作为艺术领袖在全世界光芒四射，早已无须从这种衰退中重振旗鼓，如前文所述，尤其是在近代，最重要的是要让国内外的文人、爱好者以及普通游客猬集到往日辉煌的遗产上来。虽然这其中没有半点创造性，但是不可忽视，佛罗伦萨的创造性在更接地气的领域依然健在。那就是“制造业”和“工艺”。

佛罗伦萨大部分制造业都不是大工厂的量产，而是在小作坊里逐一手工精心制作的家庭工业。家具、鞋子、眼镜、包、布料、女士睡衣、垫子、刺绣、镜框、计量器械、陶瓷器皿、玻璃工艺、草帽、文具、珠宝首饰、乐器、钟表，数不胜数，因其质量之精良、设计之独特而闻名世界的厂商不计其数。譬如可以追溯到16世纪中叶的宝石商人塞缇帕西，有些店铺的历史极为悠久。特别是裁缝店和鞋店，因待人接物温文尔雅、产品制作周到耐心而颇负盛名。

20世纪50年代以后，佛罗伦萨成了世界知名的意大利时尚中心，这要归功于佛罗伦萨贵族乔凡尼·巴提斯塔·乔吉尼的时装秀计划。因此蒲昔拉蒂（Buccellati）、古驰（Gucci）、菲拉格慕（Ferragamo）、璞琪（Pucci）等知名品牌才会顺理成章地把总店设在佛罗伦萨。就这样，如今的佛罗伦萨，凭借令人眼花缭乱的文艺复兴艺术品和现代潇洒不羁的工艺品、时尚潮品，吸引了全世界的游客。

后 记

我在这本书中回溯了文化都市佛罗伦萨从古至今的历史。篇幅有限，不能言尽全貌着实无可奈何，介绍美术的部分又只是点到为止，想必会有读者心有不平。不过，翔实的佛罗伦萨历史概论，个别主题的专业论述，针对各个画家、雕塑家、建筑家及其作品研究等出版物已是卷帙浩繁，如果您想要了解更为详细的知识，请您参考这些作品。

虽然我将文艺复兴时期置于佛罗伦萨历史的核心，但是在创作这本书时，我格外留意如何用一以贯之的方法通览佛罗伦萨从古至今的历史。其实将近20年前我就曾经尝试过以佛罗伦萨为中心研究意大利和文艺复兴，还出了书。本书不仅向历史长河的上游和下游大幅拓展了我从前作品里佛罗伦萨和文艺复兴历史的时间跨度，同时没有涉及我心目中的最佳人生导师、人文主义者莱昂·巴蒂斯塔·阿尔伯蒂的著作，希望这可以让我站得更高，看得更远。而且替换了前作当中的“城市意识形态”和“家族意识形态”，将“家族”和“基督教”当作马车的两个轮子，“佛罗伦萨的个性”就是驭手，从而开启近乎两千年的佛罗伦萨文化历史之旅。我创作的本意是让专家和普通读者都能看懂，至于是否成功，就交由读者判断了。

执笔本书期间，我曾深有体会。在佛罗伦萨历史中，将中世纪和文艺复兴分割开来进行单独介绍既不可能，也没有任何意义。姑且将公元5—14世纪算作中世纪，14世纪下半叶至16世纪初作为文艺复兴时期，有时在叙述的感情色彩方面——无可奈何地——会“否定”“克服”“扭转”中世纪，而呈现一个光明的文艺复兴。然而这样真的正确吗？甚至很多时候我都不知道自己讲述的是“中世纪”还是“文艺复兴”。

不久前刚刚离世的、伟大的法国中世纪史学家雅克·勒高夫在他生前创作的最后一本书《我们必须给历史分期吗？》以及可以称得上是临终遗言的最后一次采访中，语重心长地针对历史分期表达了看法，尤其是批评了将中世纪和文艺复兴割裂开的倾向。勒高夫这样说道：“‘文艺复兴’这个概念，实际上应当理解为一种在‘中世纪’时期就已经反复出现的古典复兴和文化创新现象，所谓14—16世纪的‘文艺复兴’，即使它看上去再华丽、再富于创造性，也没有让时代实现彻底转变。中世纪是一个无时无刻不在进行着变革，但是变革在内部秘而不宣的时代，只不过因为过于谨小慎微，不会自我宣传。”本书越是临近搁笔，我就越发对勒高夫所言心有戚戚。因为文艺复兴时期的人们想要否定的“中世纪”，其实本身就是半个“文艺复兴”。

我造访佛罗伦萨可能有二十多次了，但每次都是一两天，有时还是从查阅古书的大本营——锡耶纳出发前往佛罗伦萨，当天来回。无论如何也喜欢不上那里。更何况很少见到服务体验比佛罗伦萨还要差劲的旅游城市——当然巴黎也很糟糕，这样的印象在我心里根深蒂固，难以消除。

除了旅游手册的内容，其他一切都入不了法眼，对于回国之后扬扬自得“这个我看了”“那里我去了”这样的游客——如果我到了锡耶纳和巴黎之外的其他地方，我也会成为这些游客中的一员——真正的佛罗伦萨人会不留情面地关上大门，脸上或是鄙夷或是无视，要不就是敲上一笔竹杠，怎奈这是世界性的旅游胜地。不过即便如此，而今写完了这本书的我再赴佛罗伦萨，想必游玩的心情应该会不同于往日。

岩波书店新书编辑部的杉田守康从本书的计划到完成都给予了我许多中肯的意见建议。本书能够得到大村次乡的精美照片装点，不胜欣喜。向两位表示由衷的感谢。此外庆应义塾大学讲师三森望审阅原稿，尤其指出了制度史、政治史相关表述当中多处错误和不准确的地方。承蒙指点，得以更正，感激不尽。

希望这本书能够在各位造访佛罗伦萨时成为一本值得依赖的指南，也希望这本书能够为有志于史学的人士提供历史思维方法方面的参考，就此搁笔。

2018 年 2 月　于东京

池上俊一

主要参考文献

池上俊一『イタリア・ルネサンス再考 —— 花の都とアルベルティ』講談社学術文庫，2007 年

池上俊一『世界の食文化 15 イタリア』農山漁村文化協会，2003 年

石黒盛久『マキアヴェッリとルネサンス国家 —— 言説・祝祭・権力』風行社，2009 年

石鍋真澄『フィレンツェの世紀 ——ルネサンス美術とパトロンの物語』平凡社，2013 年

北田葉子『近世フィレンツェの政治と文化 ——コジモ 1 世の文化政策（1537-60）』刀水書房，2003 年

黒田泰介『イタリア・ルネサンス都市逍遙 ——フィレンツェ：都市・住宅・再生』鹿島出版会，2011 年

サヴオナローラ（須藤祐孝編訳・解説）『ルネサンス・フィレンッェ統治論 —— 説教と論文』無限社，1998 年

佐藤忠良ほか『遠近法の精神史 —— 人間の眼は空間をどうとらうえて

きたか』平凡社，1992 年
高橋友子『捨児たちのルネッサンス――15 世紀イタリアの捨児養育院と都市・農村』名古屋大学出版会，2000 年
田中一郎『ガリレオ――庇護者たちの網のなかで』中公新書，1995 年
パオルッチ・アントニオほか（森田義之監訳）『芸術の都フィレンツェ大図鑑 ―― 美術・建築・デザイン・歴史』西村書店，2015 年
バクサンドール，マイケル（篠塚二三男ほか訳）『ルネサンス絵画の社会史』平凡社，1989 年
ヒバート，クリストファー（横山徳爾訳）『フィレンツェ』上・下，原書房，1999 年
ブラッカー，ジーン・A.（森田義之・松本典昭訳）『ルネサンス都市フィレンツェ』岩波書店，2011 年
ブルクハルト，ヤーコプ（柴田治三郎訳）『イタリア・ルネサンスの文化』上・下，中，1974 年
マッカーシー，メアリ（幸田礼雅訳）『フィレンツェの石』新評論，1996 年
松本典昭『パトロンたちのルネサンス――フィレンツェ美術の舞台裏』NHK ブックス，2007 年
松本典昭『メディチ宮廷のプロパガンダ美術 ――パラッツオ・ヴエッキオを読み解く』ミネルヴァ書房，2015 年
森田義之『メディチ家』講談社現代新書，1999 年
米田潔弘『メディチ家と音楽家たち――ルネサンス・フィレンツエの

音楽と社会』音楽之友社，2002 年
ランドウッチ，ルカ（中森義宗・安保大有訳）『ランドゥッチの日記 ――ルネサンス一商人の覚え書』近藤出版社，1988 年
ル＝ゴフ，ジャック（菅沼潤訳）『時代区分は本当に必要か？ ――連続性と不連続性を再考する』藤原書店，2016 年
レーヴィット，デイヴィッド（船見俊介訳）『フィレンツェ 繊細にして悩ましき街』DHC，2005 年
若桑みどり『フィレンツェ』講談社学術庫，2012 年
Adamson, W. L., *Avant-Garde Florence: From Modernism to Fascism*, Cambridge (MA) / London, 1993.
Adriani, M., *Firenze sacra*, Firenze, 1990.
Artusi, P., *La Scienza in cucina e I' Arte di mangiar bene*, Torino, 1970
Balestracci, D., *La festa in armi. Giostre, tornei e giochi del Medioevo*,Bari / Roma, 2001.
Baron, H., *The Crisis of the Early Italian Renaissance*: Civic Humanism and Republican Liberty in an Age of Classicism and Tyranny,Princeton, 1966.
Bartolomeo del Corazza, *Diario fiorentino* (*1405-1439*), a cura di R.Gentile, Roma, 1991.
Bec, Ch., *Les marchands ecrivains: affaires et humanisme a Florence,1375-1434*, Paris / La Haye, 1967.
Benvenuti, A. / F. Cardini / E. Giannarelli (a cura di), *Le radici cristiane di Firenze*, Firenze, 1994.

Black, R., *Education and Society in Florentine Tuscany: Teachers, Pupils and Schools*, Leiden Boston, 2007.

Branca, V. (a cura di), *Mercanti scrittori: ricordi nella Firenze tra Medioevo e Rinascimento*, Milano, 1986.

Brucker, G., *Florence: The Golden Age, 1138-1737*, New York, 1984.

Brucker, G. (ed.), *Two Memoirs of Renaissance Florence: the Diaries of Buonaccorso Pitti and Gregorio Dati*, New York, 1967.

Carew-Reid, N., *Les fetes florentines au temps de Lorenzo il Magnifico*, Firenze, 1995.

Cesati, F, *Le piazze di Firenze*, Roma, 1995.

Cochrane, E., *Florence in the Forgotten Centuries 1527-1800: A History of Florence and the Florentines in the Age of the Grand Dukes*, Chicago / London, 1973.

Compagni, Dino, *Cronica*, a cura di D. Cappi, Roma, 2013.

Connell, W. J. / A. Zorzi (eds.), *Florentine Tuscany: Structures and Practices of Power*, Cambridge, 2000.

Conti, E. A. Guidotti R. Lunardi, *La civilta fiorentina del Quattrocento*, Firenze, 1993.

Conti, F. (a cura di), *La massoneria a Firenze. Dall' eta dei Lumi al secondo Novecento*, Bologna, 2007.

Davies, J., *Florence and Its University during the Early Renaissance*, Leiden, 1998.

Dei, Benedetto, *La cronica dall' anno 1400 all' anno 1500*, a cura di R. Barducci, Firenze, 1985.

Fanelli, G., Firenze [Le citta nella storia d' Italia], Bari Roma, 1980. Fantappie, M., *Firenze dalle origini all' anno mille. La storia sconosciuta*, Firenze, 2016.

Favati, G., *Inchiesta sul dolce stil nuovo*, Firenze, 1975.

Firenze e il suo territorio [Guida d' Italia], 9a ed., Milano, 2016.

Gavitt, Ph., *Charity and Children in Renaissance Florence: the Ospedale degli Innocenti, 1410-1536*, Ann Arbor, 1990.

Goldthwaite, R. A., The Economy of Renaissance Florence, Baltimore, 2009.

Grendler, P. F., *Schooling in Renaissance Italy: Literacy and Learning, 1300-1600*, Baltimore / London, 1989.

Guaita, O., *Le ville di Firenze*, Roma, 1996.

Haas, L., *The Renaissance Man and His Children: Childbirth and Early Childhood in Florence, 1300-1600*, Basingstoke London, 1998

Hankins, J. (ed.), *Renaissance Civic Humanism: Reappraisals and Reflections*, Cambridge, 2000.

Henderson, J., *Piety and Charity in Late Medieval Florence*, Oxford, 1994.

Hollingsworth, M., *Patronage in Renaissance Italy: From 1400 to the Early Sisteenth Century*, London, 1994.

Kent, D. F. W. Kent, *Neighbours and Neighbourhood in Renaissance Florence: the District of the Red Lion in the Fifteenth Century*, Locust

Valley, 1982.

Kirshner, J. (ed.), *The Origins of the State in Italy 1300-1600*, Chicago / London, 1995.

Klapisch-Zuber, Ch., *La maison et le nom: strategies et rituels dans I' Italie de la Renaissance*, Paris, 1990.

Lansing, C., *The Florentine Magnates: Lineage and Faction in a Medieval Commune*, Princeton, 1991.

Listri, P. F., *IlDizionario di Firenze. Tutta Firenze dalla A alla Z. Dalle Origini al Settecento*, Firenze, 1999.

Lohneysen, W. von (hrsg. von), *Der Humanismus der Architektur inFlorenz: Filippo Brunelleschi und Michelozzo di Bartolomeo*,Hildesheim, 1999.

McGee, T. J., *The Ceremonial Musicians of Late Medieval Florence*, Bloomington / Indianapolis, 2009.

Mantini, S., Lo spazio sacro della Firenze Medicea. *Trasformazioni urbane e cerimoniali pubblici tra Quattrocento e Cinquecento*, Firenze, 1995.

Marchand, E. A. Wright (eds.), *With and Without the Medici: Studies in Tuscan Art and Patronage 1434-1530*, Aldershot Brookfield, 1998.

Menning, C. B., *Charity and State in Late Renaissance Italy: The Monte di Pieta of Florence*, Ithaca London, 1993.

Molho, A., *Marriage Alliance in Late Medieval Florence*, Cambridge(MA), 1994.

Monnier, Ph., *Le Quattrocento: essai sur l' histoire litteraire du XVe siecle italien*, nouvelle ed., t. II, Paris, 1931.

Morelli, Giovanni di Pagolo, *Ricordi*, a cura di V. Branca, Firenze, 1956.

Musacchio, J. M., *Art, Marriage, Family in the Florentine Renaissance Palace*, New Haven / London, 2008.

Nagler, A. M., *Theatre Festivals of the Medici 1539-1637*, New York, 1976

Najemy, J. M., *A History of Florence 1200-1575*, Oxford, 2006.

Neuschafer, H.-J., *Boccaccio und der Beginn der Novelle: Strukturen der Kurzerzahlung auf der Schwelle zwischen Mittelalter und Neuzeit*, Muinchen, 1969.

Partridge, L., *Art of Renaissance Florence 1400-1600*, Berkeley / Los Angeles / London, 2009.

Petrucci, A., *Writers and Readers in Medieval Italy: Studies in the History of Written Culture*, New Haven / London, 1995.

Puro, semplice e naturale nell'arte a Firenze tra Cinque e Seicento [Catalogo della mostra: Firenze, Galleria degli Uffizi, 17 giugno-2 novembre 2014], Firenze Milano, 2014.

Rucellai, Giovanni di Pagolo, *Zibaldone*, a cura di G. Battista, Firenze, 2013.

Sacchetti, Franco, *Il Trecentonovelle*, a cura di V. Marucci, Roma, 1996.

Staley, E., *The Guilds of Florence*, London, 1906.

La stanza delle meraviglie. L'arte del commercio a Firenze. Daglisporti medioevali al negozio virtuale, Firenze, 1998.

Strocchia, Sh. T, *Nuns and Nunneries in Renaissance Florence*, Baltimore,

2009.

Tanzini, L., *Firenze* [Il Medioevo nelle citta italiane, 9], Spoleto, 2016.

Tavernor, R., *On Alberti and the Art of Building*, New Haven London, 1998.

Trexler, R. C., *Dependence in Context in Renaissance Florence, Binghamton / New York*, 1994.

Turner, A. R., *The Renaissance in Florence: The Birth of a New Art*, London, 1997.

Villani, Giovanni, *Nuova Cronica*, a cura di G. Porta, 3 voll., Parma, 1990-91.

Weaver, R. L. / N. W. Weaver, *A Chronology of Music in the Florentine Theater 1590-1750*, Detroit, 1978.

Weinstein, D., *Savonarola and Florence: Prophecy and Patriotism in the Renaissance*, Princeton, 1970.

Wilson, B., Music and Merchants: *The Laudesi Companies of Republican Florence*, Oxford, 1992.